「不倫」という病

精神科医
片田珠美

大和書房

はじめに

2021年1月、埼玉県警の男性警視が女性記者と不倫関係にあったことが発覚したと報じられました。2人の関係について匿名の告発文書が寄せられ、県警監察官室による内部調査の結果、50代で既婚の男性警視が、30代前半の女性記者と不適切な交友関係を持っていたことが確認され、警視も認めたということです。

その結果、警視は退職届を提出し、自主退職することになりました。また、記者のほうも、警視庁の捜査一課担当に栄転したにもかかわらず、会社から出勤停止を言い渡されたようです。

警察というのは信頼性を重んじる組織なので、不倫に厳しそうという印象を受けます。また、〝お堅い〟人の集まりというイメージもありますが、実際には必ずしもそうではないことが、この報道からわかります。

私は若い頃警察病院に勤務していましたが、そのときも警察官本人あるいは家族から不倫について相談を受けたことが何度かあります。医師には守秘義務がありますので、相談内容について上司や監察官室などに報告するようなことはしませんでしたが、「悪いこと」を取り締まるはずの警察官でも不倫する人は少なくないんだなというのが、当時抱いた正直な感想です。

私は、病院と大学にしか勤務したことがないのですが、いずれも〝お堅い〟職場というイメージがあるのではないでしょうか。しかし、実際には、不倫による騒動がしょっちゅう起きていました。

たとえば、かつて勤務していた病院の副院長の男性は、ある病棟の看護師長と不倫関係にあったらしく、それに気づいて激怒した副院長の妻が病院に乗り込んできて、看護師長とつかみ合いの喧嘩になりかけました。それを止めたのは、その場にいた若い男性医師で、副院長は騒動がおさまるまでどこかに隠れていたということです。

また、以前勤務していた大学に、若い男性研究者が非常勤講師として語学を教えにきていました。この男性は既婚者だったにもかかわらず、ある女子大生の下宿で長時間2人だけで過ごし、宿泊することもあったようです。宿泊することについて、妻は疑問を抱かなかったのかと思いますが、妻は医療従事者で、夜勤があったらしいので、そういうときに女子大生の下宿に泊まっていたのかもしれません。

やがて、非常勤講師と女子大生の不適切な関係を告発する文書が学長のもとに届きました。どうも、この女子大生に思いを寄せていた男子学生が嫉妬に駆られて文書を送りつけたようです。そのため学長は激怒し、非常勤講師との契約を解除したのです。

この非常勤講師は、学長が定年まで教授を務めていた名門国立大学の教え子でした。だから、学長は目をかけており、「いずれは専任講師に」と考えていたようですが、不倫によって就職の話がふいになったわけです。

このように、病院や大学という〝お堅い〟職場でも、不倫は当たり前のように起きていました。私は、最近企業でメンタルヘルスの相談に乗るようになったのですが、そこでも不倫に関する相談を受けることがあります。

たとえば、20代の女性社員は同じ会社の男性社員と結婚したのですが、新婚早々、夫と同期だった独身の男性社員と不倫関係になりました。それに気づいた夫が、不倫相手の男性社員に何度も電話をかけたり怒りのメールを送りつけたりして、大騒動になったのです。

その後、この女性社員は離婚しましたが、不倫相手とは結婚できませんでした。なぜかといえば、不倫相手が「婚約者がいるので」という理由で、彼女との結婚を拒否したからです。そのせいで、この女性社員は気分が落ち込んで眠れなくなり、私に相談したのです。

もっとも、彼女はその後同じ会社の別の男性社員と再婚し、子どもにも恵まれて、幸せになりました。不倫相手も、婚約者と結婚し、平穏に暮らしています。唯一、妻を寝取られた前夫だけが再婚せず、独り身を貫いているようです。女性不信に陥ったせいかもしれません。

このようにさまざまな不倫のケースを目の当たりにしてきた経験にもとづいて、この本を書きました。まず第1章では不倫の理由について、次に第2章では不倫を繰り返す心理について述べています。また、不倫はさまざまな影響を及ぼしますので、第3章では不倫に対する反応を、第4章では不倫のトラウマを取り上げました。

さらに、夫婦どちらかの不倫が発覚した後、夫婦関係を再構築すべきか、離婚すべきか悩んでいる方のために、第5章では再構築か離婚かの分かれ目について、第6章では夫婦関係を修復したい場合の処方箋について解説しました。

最後に終章で、不倫にはそれなりの覚悟が必要だということを、精神分析の「快感原則」と「現実原則」の概念を用いながら説明しました。

不倫はどこにでもあります。いつ、誰にでも起こりうることなのです。あなたが「不倫なんか、自分には関係ない」と思っていても、そしてあなた自身が不倫したわけではなくても、不倫をめぐる騒動に巻き込まれることが決してないとはいえません。

たとえば、2021年2月、TBS系の報道番組「news23」でメインキャスターを務める小川彩佳アナの夫の豊田剛一郎氏の不倫が報じられました。豊田氏は東京大学医学部卒業の医師ですが、外資系コンサルティング大手のマッキンゼーに勤務した経験もあります。医療機関にオンライン診察システムを提供する医療ベンチャー「メドレー」の代表取締役を務めていましたが、不倫報道の責任を取り、代表を辞任しています。

小川アナは2020年7月に第一子を出産し、同年10月に産後3カ月で「news23」に復帰しました。仕事と育児の両立は大変で、シャワーを浴びながら泣いたこともあるということですが、自分が苦労している間に、夫が不倫相手と密会を重ねているとは思いも及ばなかったのではないでしょうか。

このように何が起きるかわからないのが人生です。ですから、本書を是非お読みください。

第1章　不倫の理由

第2章　不倫を繰り返す心理

第3章　不倫に対する反応

第4章　不倫のトラウマ

第5章　再構築か離婚かの分かれ目

第6章　それでも修復したいのなら

終章　不倫にはそれなりの覚悟が必要

第1章　不倫の理由

性欲を満たすため

不倫の理由としてやはり多いのは、性欲を満たすためです。とくに男性に多く、次の2つに大別されます。

①人一倍性欲が強い
②性的欲求不満

人一倍性欲が強い典型例として、2020年6月、「週刊文春」で不倫が報じられたお笑いコンビ「アンジャッシュ」の渡部建さんが挙げられます。渡部さんは、妻で女優の佐々木希さんとの交際当時から複数の女性と肉体関係を持っており、女性を六本木ヒルズの多目的トイレに呼び出して性行為に及んだこともあったということです。

また、性行為が終わった途端に女性を帰したがったとか、帰り際には必ず女性に1万円札を渡したとか報じられました。さらに、多目的トイレで肉体関係を持った女性の「彼は私のことを〃性のはけ口〃くらいにしか思っていなかったんでしょうね」という証言もありました。そのため、渡部さんは、女性を〃性欲を満たす道具〃のように扱ったとして激しいバッシングを浴びました。

絶世の美女の佐々木さんを妻に持ちながら、渡部さんが不倫に走ったのは、妻だけでは性欲が満たされなかったからではないでしょうか。一連の報道から、人一倍性欲が強いような印象を受けます。

「サチリアージス」

このように並外れて性欲が強く、異常ともいえるほど性欲が亢進《こうしん》していると考えられる場合、「サチリアージス」と呼びます。

これは医学用語で、ギリシャ神話に登場する半人半獣のサテュロスに由来します。サテュロスは、上半身は人間ですが、下半身は獣で、尻尾がついていました。男性の象徴が常に興奮しており、欲情に駆られてニンフの尻を追い回していたということです。

「サチリアージス」の典型として、スペインの伝説的な放蕩児《ほうとうじ》、ドン・ファンが挙げられます。ドン・ファンは文学や芸術でしばしば取り上げられていますが、たいてい非業の死を遂げることになっています。

たとえば、モリエールの代表作『ドン・ジュアン』では、「たとえなにが起ころうと、おれが後悔することなんかあるものか」というせりふを吐いたあと雷に打たれて死にます。モーツァルトのオペラ『ドン・ジョヴァンニ』でも、石像に手をつかまれ、地獄に引きずり込まれてしまいます。

裏返せば、死ぬまで反省も後悔もしないということではないでしょうか。むしろ、精力絶倫であることが殿方の羨望の的になることもまれではありません。なかには、「性豪」と呼ばれ、尊敬の対象になる男性もいます。一昔前の日本には、「妾の数は男の甲斐性」と言い放った政治家さえいたほどです。

もっとも、そういう男性と結婚した女性は死ぬまで夫の浮気に悩まされ、苦労します。それでも、かつては女性に経済力がなかったので、じっと耐えるしかありませんでした。そのせいでうつ状態になった女性を診察したこともあります。

もちろん、性欲の強い、弱いは個人差があります。どこまでが「旺盛な性欲」で、どこからが「サチリアージス」なのかの線引きは、年齢によって異なります。また、どこまで許容されるかも、所属する社会や時代によって違うでしょう。

ですから、「サチリアージス」は、必ずしも病気というわけではありません。ただ、そのせいで家庭が崩壊したり、警察沙汰になったりする場合は治療の対象になります。

たとえば、２０１０年に複数の女性との不倫騒動を起こしたアメリカのゴルフ選手、タイガー・ウッズは自ら「セックス依存症」であると告白し、治療のためにミシシッピ州の施設に入院しました。

アメリカの有名人のなかには、ウッズ以外にもセックス依存症ではないかといわれている男性がいます。ビル・クリントン元大統領や俳優のマイケル・ダグラスなどですが、彼らは「サチリアージス」の可能性が高いと思います。

性的欲求不満

性欲がとくに強いわけではないのに、性欲を満たすために不倫する場合もあります。その背景には性的欲求不満があるようです。

多いのは、妻の妊娠中に夫が不倫するケースです。その一因として、妻が妊娠すると体型が変化し、それまでのように性関係を持つのが難しくなることがあるでしょう。また、ホルモンバランスの変化や出産への不安によって妻がイライラし、性行為を拒否することもあるかもしれません。

あるいは、里帰り出産で妻が実家に帰っている間に夫が不倫することもあるでしょう。これは、妻が側にいなくて夫が性欲を満たすことができない欲求不満によると考えられます。

出産直後は体を動かすのがしんどく、産後うつのリスクもあるので、実家の母親の助けを借りて赤ん坊の世話ができるようにと伝統的に行われてきたのが、里帰り出産です。いわば、〝生活の知恵〟です。

ところが、それを利用して不倫する男性は昔からいたようです。実家から自宅に戻ったとき夫が女性を連れ込んでいた形跡を発見して、うつ状態に陥った女性を診察したこともあります。その女性は、しばらく落ち込んで、夜も眠れなくなりましたが、「こんな男とはやっていけない」と生まれたばかりの子どもを連れて離婚する決断をしました。

出産後しばらくは妻が育児に追われていて、夜中も授乳や夜泣きなどのために何度も起こされる状態が続きます。そのせいで、夫が性欲を感じても、妻が応じられない場合もあるでしょう。そういうことが積み重なった結果、欲求不満を募らせて不倫する夫もいるようです。ですから、妻の妊娠中と出産直後は、夫が性的欲求不満を感じやすく、不倫のリスクが高まる時期といえます。

それ以外に性的欲求不満の原因になりやすいのは、セックスレスです。結婚して何年か経つと、新婚の頃のような新鮮味も刺激もなくなります。俗に「倦怠期」と呼ばれますが、そうなると相手に性的魅力を感じられません。

あるいは、夫は仕事で、妻は家事や育児で忙しく、睡眠時間を削ってまで性行為をする気になれない場合もあるでしょう。知り合いの40代の女性は、子どもが3人生まれて「もう夫婦の営みはいいと思った」と話していました。

それでも、人間は動物ですから、性欲はあり、どこかで満たさないと、欲求不満の塊のようになる恐れがあります。性欲を満たす場を家庭以外の外部に求めた結果が不倫なのです。

自分がないがしろにされているという不満

妻の出産後に夫の不倫が始まったという話はよく聞きます。その原因として、性的欲求不満だけでなく、自分がないがしろにされているという不満もあるかもしれません。

妻が子どもの世話に追われていると、きちんと食事を準備するのが難しく、冷凍食品を電子レンジで温めるだけということもあるでしょう。すると、なかには自分がないがしろにされているように感じて、不満を募らせる夫もいるわけです。

あるいは、妻の愛情が子どもに注がれるあまり、自分がかまってもらえないと感じる夫もいるようです。たしかに、子どもが生まれると、多くの女性は母性本能に目覚め、どうしても子ども優先になりがちです。その結果、夫の世話がおろそかになったり、夫への愛情配分が少なくなったりすることがあっても不思議ではありません。

ただ、これはどうしても仕方のないことです。赤ん坊は1人では何もできない弱い存在なので、養育者がミルクを与えたり、オムツを替えたりしなければ、死んでしまうでしょう。ある程度成長しても、子どもは保護と世話を必要とします。それをきちんと与えない親は、ネグレクトの罪に問われかねません。

それでも、妻が母親になってしまって、自分をないがしろにしていると感じる夫が一定の割合でいるようです。とくに、何でも自分が最優先でないと気がすまない男性、あるいは母親が自分にしてくれたのと同じことを妻がしてくれるよう望む男性に多いように見受けられます。

こういう男性は、不倫がばれると「妻が自分をないがしろにした」「妻が自分をかまってくれなかった」などと言い訳を並べ、自己正当化します。そのうえ、母親が加勢することも少なくありません。

私の外来を受診した30代の女性は、出産後子育てに追われていましたが、その間に夫が職場の同僚と不倫していたことを不倫相手の女性からの電話で知らされました。泣きながら夫を問いただしたところ、姑から電話がかかってきて「あなたが、○○ちゃん（夫の名前）を大切にしないから、こういうことになるのよ！　あなたのせいよ！　○○ちゃんの世話をもっとちゃんとしてちょうだい！」と怒鳴られたということです。

妻からすれば、こういう夫は到底許せないでしょう。家事にも育児にもまったく協力せず、すべて妻任せにしておきながら、自分がないがしろにされたと不満を並べ立てるのですから。

こういう男性は女性の敵だと私も思います。ただ、甘えん坊で寂しがり屋の夫ほど、妻を子どもに奪われたように感じて、自分がないがしろにされていると不満を覚えやすいことは踏まえておくべきでしょう。

理解してもらえないという不満

子どもの誕生は、夫婦にとって大きな喜びですし、周囲からも祝福されます。しかし、父親になることによって、自分にのしかかる責任を負担に感じたり、それまでの自由を失ったと思ったりすることは、どんな男性にも多かれ少なかれあるのではないでしょうか。そういう気持ちを妻に理解してもらえないという不満から不倫するケースもあります。

俳優の東出昌大さんは、自身の不倫がきっかけで、女優の杏さんと離婚しました。

不倫が報じられるまでは、イクメンのイメージが強かった東出さんですが、もしかしたらそういうイメージを演じ続けることが重荷だったのかもしれません。

もちろん、妻からすれば許すことなどできないでしょう。とくに、杏さんは双子を含めて3人の子どもの育児で大変だったわけですから、夫に少しでも協力してほしいと思っていたはずです。にもかかわらず、夫は妻の妊娠中から不倫を続けていました。

東出さんを擁護するつもりは毛頭ありません。ですが、夫の不倫をきっかけにして離婚危機に直面した夫婦の相談に乗っていて、子どもの誕生後父親としての責任を重荷に感じ、同時に自由を失ったと思ったという男性が多いことに気づいたのです。

たとえば、30代の女性は趣味が同じだった夫と結婚し、すぐに妊娠したのですが、出産後に夫の不倫に気づいたということです。しかも、不倫相手は同じ趣味を通じて知り合った女性で、妻とも以前から交流がありました。

妻が夫を責めたところ、逆ギレした夫から
「おまえが妊娠なんかするから、悪いんじゃないか。おれは結婚後もずっとおまえと一緒に趣味を続けたかったんだ。それなのに子どもができて、おまえはどこにも行けなくなった。だから、彼女と一緒に趣味の集まりに行くしかなかったんだ。それに、子どもにお金がかかって、趣味を続けられなくなったら困るんだ」と怒鳴られました。

随分自分勝手な理屈で、あきれます。私だったら「子どもを作ったのはあなたでしょ」と言い返したくなるでしょう。しかし、子どもが生まれて、自分の使えるお金が減ったとか、それまでのように自由に遊べなくなったとか愚痴をこぼし、しかもそれを妻に理解してもらえないと不満を募らせる男性がいるのは事実です。もしかしたら、これが多くの男性の本音なのかもしれません。

一方、妻が夫に理解してもらえないと不満を募らせることも少なくありません。とくに、最近は共働きの家庭が増えており、働きながら家事と育児をほとんど1人でこなしている妻が多いようです。

夫の協力の必要性が叫ばれており、夫の育児休暇取得を推進する動きもありますが、なかなか難しいのが現状です。そのため、「ワンオペ育児」の負担を背負う女性が増えています。

こういう現状で、「自分はこんなに大変で、しんどい思いをしているのに、夫に理解してもらえない」という不満を妻が抱いても不思議ではありません。妻が愚痴をこぼしても、夫は仕事が忙しくて協力するのが時間的に無理な場合もあるでしょうし、夫が「おれだって仕事で大変なんだ。何言ってるんだ」と相手にしない場合もあるでしょう。

もちろん、夫に理解してもらえないと不満を募らせる専業主婦も少なくありません。家事と育児をきちんとこなそうとする完璧主義の専業主婦ほど、へとへとになります。それなのに、夫に理解してもらえず、「おまえは家にいるんだから、それくらいするのは当たり前。おれが養ってやっているんだぞ。ありがたく思え」と怒鳴られて、うつ状態に陥った専業主婦もいます。

いずれにせよ、妻は理解してもらえないという不満をため込むでしょう。そういうときに、職場やPTA、あるいはSNSで愚痴を聞いてくれる優しそうな男性に出会うと、「この人だったら私の大変さを理解してくれるかもしれない」と期待するのか、不倫に発展するわけです。もっとも、それが幻想にすぎなかったと後でわかって幻滅する場合が圧倒的に多いのですけれども。

自分が愛されていないという不満から〝女〟であることの再確認へ

自分が愛されていないという不満も、不倫の原因になることが多いようです。もともと日本人は、欧米人と比べると「愛している」という言葉を口にすることが少ない傾向にあります。

この傾向はとくに男性に強いようです。愛の言葉を口にするのも、記念日に花を贈るのも照れくさいと思っている男性は少なくありません。男は無口なほうがいいとか、男は黙って背中で勝負するのがかっこいいとかいう価値観もいまだに根強く残っています。また、「釣った魚に餌はやらぬ」ということわざを文字通り実行している男性もいるようです。

それでも妻が夫の愛情を実感できれば、問題はないでしょう。しかし、なかには、夫が愛情を言葉や贈り物で示さず、思いやりや優しさを態度で示さないと、自分が愛されている実感を持てないという妻もいます。

そのうえ、先ほど指摘したセックスレスによる性的欲求不満が加わると、自分は夫に愛されていないのではないかという不安にさいなまれます。とくに40代以降になると、若さと美しさを失うこともあいまって、夫から〝女〟として見られていないという不満が強くなります。

その背景には、子どもが生まれると女性は母親の役割を果たさなければならなくなり、パパ、ママあるいはお父さん、お母さんと呼び合う夫婦が多いという日本の事情もあるようです。

しかも、女性には50歳前後に閉経という大きな生理的変化が訪れます。個人差はありますが、その数年前から更年期特有の症状に悩まされるようになるのです。すると、自分はもう〝女〟でなくなるのではないかという不安と焦りが出てくることが少なくありません。

そのため、自分がまだ〝女〟であることを再確認したい、もう1度ドキドキしたい、ときめきたいという欲望が強くなります。そういう女性が、自分を〝女〟として見てくれる男性に出会うと、「これが最後かもしれない」という思いもあって、不倫に走りやすいようです。

知り合いの40代の女性は、子どもが手を離れてからテニスを習うようになったのですが、彼女と同じクラスにいたのは、子育てを終えて時間的余裕のできた有閑マダムばかりでした。テニスコーチは30代の浅黒く日焼けしたかっこいい独身男性で、手取り足取り教えてくれたということです。ときには腕や腰に優しく触れながら。

もちろん、この女性はときめき、週に1度のレッスンを心待ちにするようになりました。また、コーチを囲んだお食事会にも参加しましたが、それ以上に発展することはありませんでした。

しかし、同じクラスの有閑マダムのなかには、コーチの崇拝者のような女性が何人かいて、追っかけのようなことをしていたといいます。やがて、コーチと不倫関係になり、ブランドものの時計や洋服など高額のプレゼントをした女性もいるという噂が流れました。実際、ロッカールームで「コーチが本当に好きなのは私よ」と2人の有閑マダムが言い争っている現場に、知り合いの女性は居合わせたとか。

しかも、「あのコーチは複数の教え子の女性と男女の関係にあり、ホストまがいのことをしている」と告発するファックスがテニススクールの本部に届いたとかで、そのコーチはまもなく解雇されたということです。

コーチは自分だけと特別の関係だと思っていたのに、同じクラスの他の複数の女性とも同じような関係にあることを知った有閑マダムが怒りから告発したのではないでしょうか。

しかし、告発した有閑マダムにしたところで、高収入の夫と離婚し、恵まれた境遇を捨ててまでコーチと結婚しようと思っていたわけではないでしょう。あくまでも〝火遊び〟であり、自分が〝女〟であることを再確認したいという願望が人一倍強いのです。こういう願望は、どんな女性の胸中にも多かれ少なかれ潜んでいて、実行に移すか移さないかの違いがあるだけではないでしょうか。

強すぎる束縛

妻が、夫に愛されていないのではないかという不安にさいなまれると、病的といえるほど嫉妬深くなることもあります。

たとえば、40代の女性は、40歳をすぎた頃から、夫から女性として見られていないように感じていました。しかも、夫が早朝に出勤して深夜に帰宅する生活で、土日も出張や接待ゴルフでほとんど家にいなかったため、セックスレスの状態が続いていました。
そのため、この女性は夫が浮気しているのではないかと疑い、夫のスマホを毎日念入りにチェックするようになりました。そのうえ、夫の会社、さらにはゴルフ場や宿泊先のホテルにまで電話して、夫がちゃんとそこにいるか、女性と一緒ではないかと確認するようになったのです。

夫は辟易したようです。しかも、勤務先や出張先にまで妻が電話してくるのですから、恥ずかしいという思いもあったのでしょうか。「そんなことはやめてくれ」と頼む夫と「あなたが浮気していないか心配で」と泣きわめく妻との間で激しい口論が何度もあった後、ついに夫が家を出ていきました。やがて、夫は部下の若い女性と一緒に暮らすようになり、妻に離婚届を送ってきたのです。

妻は眠れなくなり、私の外来に通院するようになりました。あるとき、処方された睡眠薬を大量に服用し、手首を切って自殺を図ったのですが、自分で救急車を呼んで病院で手当を受け、命に別状はありませんでした。その後も、「夫の浮気が原因だから、私は絶対離婚したくない」と強硬に主張し、夫との話し合いは難しい状態が続いたのです。

そこで、1度別居中の夫同伴で診察に来ていただきました。夫は、「自分は浮気なんかしていなかったのに、妻の束縛があまりにも強くて、家に帰るのが嫌だったから、こういうことになったんだ」と主張しました。それに対して、妻は「そんなの言い訳よ！」と猛反論したのです。

もちろん、夫の言い訳である可能性も否定できません。しかし、別の男性からも、「妻の束縛がきつくて、ずっと監視されている状態で、嫌気がさしている」という話を聞いたことがあります。

知り合いの医師は、浮気を心配する妻から毎朝ティッシュにくるんだ500円玉を1つ渡され、それでやりくりするように言われていたということです。妻はお弁当を作ってくれましたが、おかずは缶詰と冷凍食品ばかりでした。

この医師は、同僚と飲みにいくこともできず、自分の小遣いを捻出するために、毎週別の病院に当直にいくようになりました。当直料を自分の秘密の口座に振り込んでもらうようにしたのですが、それが妻にばれて大喧嘩になり、「自分で稼いだ金なのに、なんで自由に使えないんだ！」と怒鳴って家を飛び出しました。

それきり家には帰らず、当直先の病院の看護師と同棲するようになり、結局かなり多額の慰謝料を妻に払って離婚したのです。離婚後、この医師は「慰謝料は痛かったけど、おれの稼いだ金を全部管理され、毎日500円の生活をこの先30年以上続けることを思えば、安いもんだ」と話していました。

夫の浮気が心配でたまらず、管理や監視をしたくなる気持ちはわかります。しかし、あまりにも束縛が強すぎると、夫は癒しと自由を求め、他の女性のもとへ走ってしまうかもしれません。そのことを忘れないようにしましょう。

ガス抜き

これまで見てきたように、夫婦生活への不満がたまっているときに不倫に走りやすいのはたしかです。

「現存するアメリカ最高の短篇作家」、いや、それどころか「世界最高の短篇作家」と讃えられる女流作家のイーディス・パールマンに、「従妹のジェイミー」という作品があります。

年に一度開かれる泊まりがけの会議で、高校教師のファーンが、自分の従妹で同じく教師をしているジェイミーの過去の不倫関係について同僚のバーバラに話す物語です。

この小説の冒頭に、次のような会話があります。

「いろいろなことを話した。もちろん、教室で無礼な振る舞いが増えたこと。そして、今回の会議で始まった情事について。年に一度の浮気がいかに多くの既婚者を救っているかについて。

『救急医療のようなものよね』とバーバラが言った。

『結婚生活のガス抜きよ』ファーンは言った。」

これは含蓄が深い言葉だと思います。もちろん、不倫を擁護するつもりは毛頭ありませんが、2人の言葉には一抹の真実が含まれているのではないでしょうか。不倫にガス抜きの側面があることは否定できないでしょう。

知り合いの医師は、30年ほど前いなかの病院に勤務していました。その病院では、男性医師が自分の担当する病棟の看護師と満遍なく不倫するのが不文律のようになっていたということです。

いなかなので、看護師には農家のお嫁さんが多かったのですが、跡継ぎになる子どもを産んだら、それ以降は不倫がある程度大目に見られていたようです。夫の実家からすれば、貴重な労働力のうえ看護師として現金収入をもたらしてくれる嫁を手放したくないという思惑があったのかもしれません。

夫の実家で舅や姑と同居するのが当たり前で、家事と育児をこなしながら農作業も手伝わなければならず、そのうえ看護師として勤務するのですから、ストレスも不満もたまるでしょう。そのガス抜きの手段が不倫だったわけです。

ところが、その医師は不文律を無視して、特定の看護師1人とだけ不倫関係になったそうです。すると他の看護師から総スカンを食らいました。不文律を破ったのが悪かったのか、それとも他の看護師にとってガス抜きの手段にならなかったのが悪かったのか。いずれにせよ、彼は病院に居づらくなって結局退職し、都会で開業しました。

これはかなり極端な例だと思います。その病院に今も同じような不文律があるのか、どうかわかりません。最近は不倫に対して厳しい目が向けられるようになっており、かつてのように大目に見られることはないでしょう。

しかし、不倫がガス抜きになっているという話はよく聞きます。浮気した日に限って寿司やケーキなどを買って帰る夫、あるいは浮気した日は子どもを怒鳴り散らさずにすみ、夫にも優しくできるという妻……などです。

何となく本末転倒のようにも思えますが、不倫がガス抜きになるのは否定しがたい事実です。もしかしたら、不倫によって一時の快楽を味わえば、現実逃避できるからかもしれません。

自分の人生を取り戻したい

もっと切実な理由から不倫する人もいます。多いのは、自分の人生を取り戻したいという思いから不倫する女性です。

たとえば、40代の女性は短大卒業後にアパレル関連の会社に就職し、販売員として派遣された百貨店で知り合った男性と結婚しました。夫は百貨店の正社員で、当時は駅前の一等地にある店舗に勤務していましたし、服装もきちんとしていて礼儀正しかったので、両親もとても喜んだといいます。

夫の希望もあって、寿退社し、翌年息子が生まれました。百貨店の業績が良かった頃は夫は高収入でしたが、営業のためと称して毎晩飲んで帰り、いつも午前様。それでも、何か食べるものを用意して待っていないと、怒鳴られましたし、ワイシャツをきれいに洗濯して糊付けし、シワが1本もないように丁寧にアイロンをかけておかないと、嫌みを言われました。クリーニングに出すなんてもってのほか。「おまえは家にいるんだから、洗濯くらいちゃんとやれ」と怒られたということです。

夫の様子が変わったのは、百貨店の業績が悪化し、勤務していた店舗が閉鎖され、別の店舗に異動になった頃からです。収入が減ったため、飲み歩くことはなくなりましたが、そのかわり家で缶酎ハイを浴びるように飲んでは、「おまえにおれの苦労がわかるか」「おまえはいいよな、家で遊んでればいいんだから」などと妻にからむようになりました。

また、些細なきっかけで激高することが増えたそうです。帰宅時に風呂が沸いていないとか、味噌汁がぬるいとかでキレて、「バカ」「ダメな奴」などと暴言を吐くようになったのです。

やがて夫はリストラされました。再就職のための活動を始めたものの、いずれも失敗しました。夫が再就職を希望する百貨店業界は軒並み業績が悪化していて求人がないのだから、当然でしょう。しかも、夫は50歳を過ぎていますし、プライドが高くて要求水準をなかなか下げられないこともわざわいしたようです。

求職活動に失敗するたびに、夫は泥酔して、妻に手をあげるようになりました。貯金と退職金を取り崩す生活で、経済的な事情から1人息子は大学進学を諦め、学費が安く寮のある専門学校に入って、家を出ました。

夫婦2人だけの生活になり、妻は家計のため、そして夫のDVから逃れるために、近所のスーパーでレジ打ちのパートを始めました。それについても、夫は「おれが無職で収入がないことへの当てつけか」と嫌みを言ったそうです。

その後も、相変わらず再就職先が見つからない夫は、昼間から泥酔する生活を続け、家事は一切手伝いませんでした。妻の帰りが遅かったり、夕食がなかなかできなかったりすると、夫は激高して、手近にあるものを手当たり次第に投げつけたそうです。

落ち着けるときはなく、次第に妻は落ち込んで、「私の人生は一体何だったんだろう」と考え込むようになりました。そんなとき、妻が顔に青あざを作っていたのを心配して、スーパーの店長が親身に相談に乗ってくれたのです。

この店長は年下で既婚者でしたが、夫に関する愚痴を優しく聞いてくれたので、妻は「この人とだったら人生をやり直せるかもしれない」と思うようになりました。やがて、「スーパーのパート」と夫に嘘をついて家を出て、店長とホテルに行くようになったのです。

ある日、スーパーでの仕事を終えて帰宅すると、すごい形相の夫から「おまえはどこに行っていたんだ！」と怒鳴られ、店長と一緒にホテルに入っていく妻が写った写真を投げつけられました。どうやら、夫が妻の様子の変化に気づき、興信所に調査を依頼していたようです。そんなお金がどこにあったのかと妻は思ったそうですが、夫に尋ねる勇気はありませんでした。

その日から夫のすさまじいDVが始まりました。そのうえ、夫は例の写真をスーパーの本部にまで送りつけ、店長は退職に追い込まれました。妻も居づらくなって退職し、夫のDVから逃れるためにボストンバッグ1つだけ持って家を出て、シェルターに避難したのです。

その後、夫が元店長に慰謝料を請求するなど一悶着あったようですが、何とか離婚が成立しました。この女性は安いアパートで1人暮らしを始め、別のスーパーでパートとして働きながら、かつかつの生活を送っています。

経済的に厳しく、孤独な生活のせいか、気分が落ち込んでうつ状態になることが少なくありません。とくに前夫から受けたＤＶや浴びせられた暴言を思い出すたびに涙がこぼれて泣き出したくなるということで、私の外来を受診したのです。

この女性にとって何よりもつらいのは、「この人とだったら人生をやり直せるかもしれない」と思った不倫相手の元店長からも、「あんたのせいで、おれの人生はめちゃくちゃになった。家庭も壊れた」と暴言を浴びせられたことだそうです。唯一のよすがだっただけに、よけい耐えられないのでしょう。

彼女に限らず、これまでの生活に不満を抱いていて、自分の人生を取り戻したいという切実な思いから不倫に走った女性が、相手の男性は単なる火遊びとしか思っていなかったと気づいて、愕然とすることは少なくありません。

心身の病気

俳優の渡辺謙さんが、前妻の女優の南果歩さんが乳ガンを患い闘病中だったにもかかわらず、その間に21歳年下の女性と不倫していたと報じられ、話題になりました。この不倫が原因で、その後渡辺さんと南さんは離婚しています。

夫婦のどちらかが病気になれば、配偶者は闘病を献身的に支えるべきだし、つらい気持ちにも寄り添うべきだとは思います。「病めるときも、健やかなるときも」互いに支え合うのが、夫婦のあるべき姿なのですから。しかし、実際には、どちらかの心身の病気がきっかけで、配偶者が不倫に走ることは少なくありません。

その一因として、闘病を支えるのは精神的にしんどいということがあるでしょう。とくに夫あるいは妻がガンのような重篤な病気を患うと、本人が不安や恐怖からイライラしたり、暴言を吐いたりすることもあります。また、配偶者の看病や支えが不十分だと不満を漏らすこともあります。

さらに、夫婦のどちらかが病気になると、性交渉を控えなければならないかもしれません。そのせいでセックスレスになり、性的欲求不満から不倫に走ることもあるようです。

しかも、夫が病気になると、しばらく出勤できず、ずっと自宅にいるようになるかもしれません。あるいは、妻が病気になると、家事や育児を十分にこなせなくなるかもしれません。そうなると、どうしても配偶者に精神的にも肉体的にも負担がかかります。

そういう状況に耐え続けるには、かなりの忍耐と根気が必要です。自分では精一杯支えているつもりなのに、相手から感謝してもらえないと、報われないという不満も抱くかもしれません。だから、嫌気がさしたり、気晴らしを求めたりして、不倫に走るのでしょう。

逆に、自分が病気になったときに配偶者が冷たかったので、回復してから不倫するケースもあるようです。

たとえば、40代の男性は、胃ガンを患い切除手術を受けたのですが、バリバリのキャリアウーマンで仕事が生きがいの妻は「胃ガンなんて切れば治るから。今、大事なプロジェクトが成功するかどうかの瀬戸際なのよ」と言い放ち、夫の入院中もほとんど病院に来ませんでした。

この男性は、冷たい妻だと以前から薄々感じていたものの、自分が病気になったことで、改めて思い知らされたようです。そのためか、入院中に何度も見舞いに来てくれた部下の若い女性と不倫関係になりました。その後、夫は妻に多額の慰謝料を払って離婚し、この若い女性と再婚したのです。

復讐のため

この男性の不倫には、冷たい妻への復讐の意味合いが込められているように見えなくもありません。実は、復讐のための不倫は少なくないのです。

たとえば、30代の女性は、派遣社員として働いていた会社で知り合った高学歴・高収入の夫と結婚し、子どもにも恵まれ、裕福な生活を送ることができましたが、常に夫と姑からバカにされてきました。なぜかといえば、実家がそれほど裕福ではなく、両親とも高卒だったうえ、本人が卒業した大学の偏差値もそれほど高くなかったからです。

それでも、子どものためと思ってじっと耐えていましたが、夫の暴言はひどくなるばかりでした。とくに、同期のなかで自分が出世コースのトップを走っていると思っていたのに、別の同期が最初に課長に昇進した頃から、「あいつの嫁は、いいとこのお嬢さんで、〝いい大学〟を出ているが、おれはおまえみたいなバカを嫁にもらったから、出世できないんだ」と妻を責めるようになったのです。姑からも、「賢い妻の支えがないと、なかなか出世できないわよね」と嫌みを言われました。

さすがに腹にすえかねて、言い返したくなりましたが、実家は名家でもないし、自分自身が名門大学を出ているわけでもないので、黙ってうつむいているしかなかったということです。

この頃から、夜眠れなくなり、夫が帰ってくると思うと不安で胸がドキドキするようになりました。そのため、夫に内緒で私の外来を受診したのです。話を聞いて、病気の原因は明らかに夫のモラハラだと私は思いましたので、心療内科を受診したことを夫に話して、言動を改めてもらったほうがいいのではないかと助言しました。

しかし、この女性は「そんなことを言ったら、離婚されてしまいます。私には経済力がないので、我慢するしかありません」と答え、睡眠導入薬や抗不安薬を服用しながら、やり過ごしていました。

初診の半年後くらいから来院しなくなり、一体どうしたのかなと心配していたら、その1年後くらいに再受診しました。そして、「離婚の話し合いをするのに有利になると弁護士さんから言われたので、診断書を出してほしい」と頼んだのです。

事情を尋ねると、子どもを連れて実家に帰り、夫とは別居しているとのことでした。

夫から離婚されることを恐れていたのに、別居という決断を下したのは、それだけ夫と姑からの暴言がひどかったからですが、それだけではありませんでした。

どうやら、大学の同窓会で久しぶりに再会した同級生と不倫関係になり、励まされたようです。また、この同級生は独身なので、彼女の離婚が成立したら子連れで結婚する約束もできているとか。

この女性の同級生ですから、夫の基準からすれば〝いい大学〟を出ているわけではありませんが、自分で起業し、大きな成功をおさめたそうです。夫よりもはるかに稼ぐ男性と不倫関係になったことで、高学歴・高収入を鼻にかけて自分を見下していた夫、そして姑に復讐できた気持ちになったといいます。

もちろん、結婚するというのは口約束ですから、反故《ほご》にされる可能性もないとはいえません。そのことは、この女性もわかっていました。それでも、「自分はバカだし、経済力もないから、夫に何を言われても、黙って耐えるしかない」と思っていた彼女に自信と勇気を与えてくれた点では、同級生に感謝しているということです。

実家の両親も、「そこまでうちのことをバカにするんだったら、もう戻ってこい」と言ってくれたそうで、子どもの世話を両親に頼んで、派遣社員として働くようになったのです。

幸いというべきか、夫は妻の不倫に気づいていないようなので、妻の側はそれを隠したまま「性格の不一致で、夫と一緒にいるとさまざまな症状が出る」と主張する戦略のようです。私は、不眠、不安、動悸などの症状が出現して、当院を受診し、通院・服薬していたという趣旨の診断書を書いて渡しました。

この女性のように、夫を見返したいという復讐願望から不倫に走ることもあります。ですから、結婚相手を見下して暴言を吐くようなことはくれぐれも慎みましょう。

第2章　不倫を繰り返す心理

懲りない人

俳優の石田純一さんが、２０２０年7月スポンサーに呼ばれて福岡まで行き、数日間にわたってゴルフや宴会を満喫したうえ、その間に25歳の女性を宿泊先のホテルに〝お持ち帰り〟したと報じられ、激しいバッシングを浴びました。

そのホテルで２人がどんなふうに過ごしたのかは、推測するしかありません。一緒にお酒を飲みながらお話ししていただけかもしれませんし、動画配信サービスでドラマを観ていただけかもしれません。

しかし、石田さんは「不倫は文化」という名言で有名な方です。だから、男女の関係があったのではないかと勘ぐる人が多いのは仕方がないでしょう。批判が殺到したのも当然ではないでしょうか。

石田さんは、１９９０年代にファッションモデルの女性との不倫騒動の渦中に「不倫は文化」と発言したと報じられました。そのせいでテレビから干され、２度目の離婚と経済的困窮に追い込まれたのです。

こういう苦い経験をすれば、2度と同じ思いはしたくないと人一倍気をつけるはずだと私は思います。しかし、石田さんは不倫を疑われても仕方がないふるまいをしており、真逆のように見受けられます。

そもそも、この〝お持ち帰り〟報道が出たとき、すでに石田さんは猛バッシングにさらされていました。新型コロナウイルスの感染拡大によって、緊急事態宣言が出ていた同年4月に沖縄まで行ってゴルフをし、その後コロナ感染による肺炎で入院したため、激しい批判を浴びていたのです。

しかも、退院後も快気祝いと称して飲み歩いていたと報じられ、批判が殺到しました。その影響もあって、テレビのレギュラー番組を降板する羽目になり、仕事が激減したにもかかわらず、自身の行動パターンをまったく変えなかったように見えます。コロナに感染して生死の境をさまよったことに懲りている様子もありませんでした。

いや、それどころか行動パターンを変える気がなさそうな印象を受けました。なぜかといえば、週刊誌の直撃取材に次のように答えているからです。

「スポンサーさんに誘われたら、ゴルフでも、〝3密〟と言われている食事会でも、そりゃ行くでしょ。北海道でも、福岡でも。それが僕の結論です。それを叩かれたって大いにけっこう」

これは開き直りに聞こえなくもありません。しかも、驚くことに、妻の東尾理子さんの再三の説得にも応じず、4月の沖縄行きを強行したせいで、「『価値観が合わない』くらいに言われました。それこそ離婚じゃないですけど、そういうところまでいきました」とVTR出演したテレビ番組で打ち明けているにもかかわらず、石田さんは行動パターンを変えようとしなかったのです。

妻との関係が悪化すれば、少しは懲りて行動を改めるのが世の多くの夫ではないかと私は思います。しかし、石田さんは違うようです。このように行動パターンを変えないと、「2度あることは3度ある」ということわざ通りになりかねません。

これを精神分析では「反復強迫」と呼びます。「反復強迫」とは、いくら痛い目に合っても、いくら批判されても、自分の行動パターンを変えず、結果的に同じ失敗を繰り返す傾向で、フロイトが見出しました。

不倫を繰り返す人には、この「反復強迫」がしばしば認められます。そのため、懲りない人という印象を与えることが多いのです。

特権意識が強い芸能人

懲りない人は、「自分は特別な人間だから、普通の人には許されないことでも許される」という特権意識を抱いていることが少なくありません。石田さんの言動からも特権意識が透けて見えますが、それを支えているのは過去の栄光でしょう。

週刊誌の取材に石田さんは「俺の辞書に〝女の子を呼んでくれ〟なんて言葉はない」と言い放ったそうです。そんなことを言わなくても、「飲み会に石田純一さんが来る」と伝えるだけで美女がいくらでも集まってきたのでしょう。

それだけモテたのはたしかです。バブル期に数多くのトレンディドラマに出演していた頃の石田さんは世の女性の憧れの的だったのですから。その結果、「自分は特別な人間だから、少々のことは許される」という特権意識が強くなったとしても、不思議ではありません。

さらに、過去の成功体験も影響しているように見えます。先ほど述べたように、石田さんは、不倫が発覚した影響で仕事が激減し、数千万円の借金を抱えたそうです。

しかし、石田さんはバッシングをものともせず、復活を果たしました。この成功体験は強烈だったはずで、これが特権意識に拍車をかけた可能性もあります。

このように、もともとの特権意識が過去の成功体験によって一層強くなることは少なくありません。２０２１年１月に２度目の不倫が「週刊文春」で報じられた歌舞伎役者の八代目中村芝翫《しかん》さんは、その典型のように見えます。

報道によれば、芝翫さんは23歳年下の美女と不倫関係にあるということですが、２０１６年９月にも京都の人気芸妓との不倫をやはり「週刊文春」で報じられており、少なくとも2度目ということになります。

私の目には、芝翫さんも特権意識が強そうに映ります。この特権意識を支えているのは、名門の生まれゆえの選民意識と過去の成功体験でしょう。

芝翫さんは歌舞伎の名門、成駒屋に生まれ、大名跡・芝翫を継ぎ、いまや歌舞伎界を代表する立役（男役）の1人にまでなりました。しかも、前回不倫が報じられたのは２０１６年９月でしたが、その翌月には八代目芝翫を無事襲名することができましたし、３人の息子も同時に襲名という快挙を果たしています。

おまけに、歌舞伎界には脈々と受け継がれてきた「遊びは芸の肥やし」という伝統があるそうなので、少々のことは許されるという特権意識を抱いても仕方がないかもしれません。

そのうえ、前回の不倫を、妻でタレントの三田寛子さんが許してくれたという成功体験もあります。この成功体験ゆえに「前回不倫がばれたときも結局妻は許してくれたし、襲名もできた。だから、世間は少々騒ぐかもしれないが、そのうち収まるだろう」と思っているのではないでしょうか。

こうした特権意識は、不倫を繰り返す人に共通して認められます。第1章で取り上げた渡部建さんも、その1人です。性行為後、佐々木希さんという絶世の美女と結婚していながらなぜ不倫するのかと尋ねた女性に対して、渡部さんは「(美人の奥さんがいることと不倫の関係について)それとこれは別。可愛い子に会えたら行っちゃうじゃん」と答えたということです。

こんなことを不倫相手の女性に平気で言えるのは、渡部さんが自分自身を「普通の人には許されないことでも許される存在」と認識しているからでしょう。それだけ特権意識が強く、「自分は特別」と思い込んでいるのです。

もっとも、こうした特権意識を抱いても不思議ではないほど、渡部さんは芸能界で成功を収めていました。お笑い芸人として長く人気を得ていましたし、数々のテレビ番組で進行役も務めていました。売れっ子だということを本人も自覚していたのではないでしょうか。

渡部さんの不倫が報じられた後、相方の児嶋一哉さんは、渡部さんの代役として出演したラジオ番組で次のように話しています。

「調子に乗ってたんですね。仕事もうまくいくし、プライベートも順風満帆だし、天狗だったんですよね」

「僕なんかより全然売れてるってのもあって、立場的にもなかなかアイツを叱る、っていうのがしづらくて。(中略)10年ぐらい、やっぱ立場的にも僕のほうが弱かったですよ」

このような状態が続けば、過剰な特権意識が育っても不思議ではありません。そのうえ、渡部さんはさわやかなルックスなので、若い頃から数々の女性にモテてきたでしょう。

芸能界での成功と女性にモテることが渡部さんの特権意識を育てたことは、容易に想像できます。それに拍車をかけたのは、佐々木希さんという周囲に自慢できる美しい〝トロフィーワイフ〟を手に入れたことかもしれません。

特権意識の塊のような医師

芸能人に限らず、過去の成功体験によって強い特権意識を抱き、その結果不倫を繰り返すようになる男性は少なくありません。特権意識の根拠になるのは、容姿、高学歴、高収入、役職など、さまざまです。

いずれの場合も、本人が「自分は特別な人間だから、普通の人には許されないことでも許される」と思い込んでいる以上、よほど痛い目に合わない限り、なかなか反省せず、不倫を繰り返します。

私が以前勤務していた病院に、〝超遊び人〟と評判の30代の男性医師がいました。この医師は妻子がいたにもかかわらず、自宅とは別にワンルームマンションを所有しており、そこに看護師や医療事務の女性などを連れ込んで不倫を繰り返していました。

あるとき、情事の現場に妻が乗り込んで大騒動になり、しかも妻は院長に直訴して、そのとき一緒にいた若い看護師を解雇するよう要求したのです。医局では、みな「あの先生の相手はたくさんいるから、１人くらいクビにしたって、浮気がおさまるわけないよね」と話していました。

看護師は解雇されませんでしたが、居づらくなって退職に追い込まれました。その後、医師のほうも、父親が経営する病院の院長になるための修業をするとかで退職したのです。

この医師は幼い頃から病院の跡取りとして大切に育てられてきたのでしょう。そのうえ、医師免許を取得し、高収入を得ることもできるようになったのですから、特権意識が強いのは当然ともいえます。

しかも、不倫が妻にばれ、院長にまで直訴されて、病院に居づらくなっても、実家の病院に戻ればいいだけの話です。ですから、退職に追い込まれた不倫相手の看護師とは違い、痛くもかゆくもなかったのではないでしょうか。

こういう男性の辞書に〝懲りる〟なんて言葉はありません。それこそ刃傷沙汰になるまで不倫を繰り返します。

〝性欲を満たす道具〟として扱う人

特権意識が強いと、不倫相手を〝性欲を満たす道具〟として扱うことがあります。しかも、そのことを何とも思わず、罪悪感も覚えません。

たとえば、渡部さんは性行為の場所に多目的トイレを指定したとか、行為が終わった途端に女性を帰したがったとか、帰り際には必ず1万円札1枚を渡したとか報じられました。一連の報道が事実とすれば、不倫相手の女性を、〝性欲を満たす道具〟のように扱ったわけです。

これは、自分自身の目的を達成するために他人を利用することを何とも思わないからでしょう。しかも、そういうぞんざいな扱いによって、相手の女性が傷つくことにも、反感や怒りを抱くことにも考えが及ばないわけで、想像力が欠如しているように見受けられます。

このように不倫相手から〝性欲を満たす道具〟として扱われると、女性は傷つきます。渡部さんの不倫相手だった女性は、週刊誌の取材に次のように話しています。

「彼は私のことを〝性のはけ口〟くらいにしか思っていなかったんでしょうね。せめて一人の女性として扱ってほしかったと思います」

女性を〝性のはけ口〟として扱うのは、相手に対するリスペクトがなく、気持ちや欲求を認識しようとしないからでしょう。そういう扱いをうけたせいで傷ついたという女性の話を聞くことは少なくありません。

たとえば、20代の会社員の女性は、30代の上司と不倫関係にありましたが、情事の場所はいつも職場だったということです。最初は、上司と一緒の出張の際、宿泊先のホテルのバーで飲んだ後、上司の部屋で飲み直していたときに男女の関係になったそうですが、その後はいつもこの女性が1人きりで残業しているときに上司が耳元でささやき、上司の個室で関係を持ったとか。

30代で、個室を持つ管理職だったのですから、相当やり手なのでしょう。たしかに、この上司は優秀な人で、女性が出張先で不倫関係になった一因に、〝仕事ができる大人〟の雰囲気に惹かれたことがあるようです。当然、高収入のはずですが、彼女との不倫にはあまりお金を使ってくれませんでした。

1度など、上司の出張先のホテルまで呼び出されたこともあるそうです。上司が宿泊していた部屋で関係を持ちましたが、ビジネスホテルのシングルベッドでは、体を重ね合わせることはできても、横に並んで寝ることはできなかったので、この女性は上司から別に部屋を予約するよう言われました。

しかも、女性のほうは出張ではなかったので、ホテルまでの交通費も宿泊費も自腹でした。この頃から、自分はあまり大切にされていないのではないか、〝性のはけ口〟にされているだけなのではないかと感じ始めたということです。しかし、別れを切り出したら、上司から嫌がらせをされ、仕事がしにくくなるのではないかと思い、ズルズルと関係を続けていました。

そういう不満がたまっていたからでしょうか、先輩の女性社員と一緒に飲みにいった際、上司との不倫について愚痴まじりに話してしまったのです。そのとき、先輩から衝撃的な話を聞きました。実は、例の上司には、これまでも不倫の噂がいろいろあったらしいのですが、社内でトップクラスの業績をあげていたので、不問になっていたというのです。

女性はかなりショックを受けたようですが、それだけではすみませんでした。この先輩が、上司との不倫の噂を社内で吹聴したらしいのです。この先輩は、上司の過去の不倫の噂を知っていたくらいですから、情報収集能力に長けているのでしょうが、こういう〝情報通〟は自分が聞いた話を広めることも躊躇しません。

そのせいか、SNSで「枕営業して出世しようなんて最低」「出張先まで押しかけるなんて、よほど好きなんだ」「あんなおじさんにやらせるくらいだから、かなり遊んでる」などと誹謗中傷されるようになりました。

先輩に抗議したものの、「私は誰にも話してないわよ」と言われると、それ以上追及することはできなかったそうです。この頃から夜眠れなくなり、出社しようとすると動悸や吐き気が出現するようになって、私の外来を受診しました。

薬を処方しても、症状はなかなか改善しませんでした。診断書を提出し、しばらく休職したのですが、誹謗中傷に耐えられなかったこともあって、結局この女性は会社を退職したのです。

例の上司への怒りを抑えられなかったので、退職届を提出する際に人事部の部長に不倫の事実を打ち明けたところ、部長は「調査する」と答えたそうです。しかし、その後会社のかつての同僚と偶然会った際に、例の上司は全然おとがめなしで、何の処分も受けておらず、相変わらずバリバリ働いているという話を聞きました。それを聞いて愕然とし、「自分は仕事も収入も失ったのに、なぜ上司は何の罰も受けず、のうのうとしているのか」と腹が立って仕方がなかったとか。

この上司が不倫を繰り返す背景には、会社が大目に見ていることもあるのではないでしょうか。やり手で、業績をあげているため、少々のことには目をつぶるという姿勢なのでしょう。

不倫を報じられた有名人が社会的に抹殺されることもある昨今、不倫が少々のことかどうかは疑問です。ただ、双方が合意して性関係を持った以上、犯罪ではないので、会社に多大な利益をもたらす社員のふるまいは大目に見るわけです。

こうした会社の姿勢がこの上司の特権意識に拍車をかける可能性は十分考えられます。ですから、今後も不倫を繰り返し、相手の女性を〝性欲を満たす道具〟として扱い続けるのではないでしょうか。

女性を征服することに「狩り」のような快感を覚える

不倫を繰り返す男性のなかには、女性を征服することに「狩り」のような快感を覚えるタイプが少なくありません。

渡部さんの複数の女性との不倫が報じられた際、

「あんなきれいな奥さんがいてなぜ浮気するのか」

という疑問の声が多数ありました。

ただ、周囲の誰もがうらやましがるような美人妻を持ちながら、不倫を繰り返す男性はどこにでもいます。その一因として、それだけモテることがあるのではないでしょうか。

美人と結婚できるのは、容姿にせよ、学歴にせよ、収入にせよ、それだけモテる要因を持っているからでしょう。当然、周囲の女性が放っておきません。とくに渡部さんは容姿に恵まれているうえ、不倫報道の前はテレビにもよく出ていて、売れっ子でした。

もっとも、それだけではないでしょう。いくらモテても、不倫しない男性はいくらでもいるのですから。

実は、看護師や医局秘書などと不倫を繰り返す男性医師は少なくありません。医師の多くは高収入なので、それだけモテるからでしょうが、彼らを身近で観察していて、女性を征服することに「狩り」のような快感を覚えるタイプが多いことに気づきました。

こういうタイプからすれば、結婚した時点で「狩り」は終わります。当然、「釣った魚に餌はやらぬ」という心境になりやすく、今度は次の「狩り」に乗り出すわけです。獲物を手に入れたときの快感は一瞬ですから、それをずっと味わいたければ「狩り」を延々と続けるしかありません。

先ほど取り上げた〝超遊び人〟の医師も、「狩り」の快感を味わうために次から次へと女性を征服しているように見えました。「類は友を呼ぶ」ということわざ通り、この医師は、やはり遊び人の同僚医師といつも飲み歩いていました。同僚医師も既婚者でしたが、「クラブ活動」と称して、高級クラブに通い詰めており、どの店にきれいな女の子がいるかを熟知していたからです。

この2人は、「今度はどの女の子をものにしたか」を携帯に保存していた画像を互いに見せ合いながら、自慢合戦だったようです。医局でも自慢合戦をしていたことがあるらしく、その場にたまたま居合わせた医師は、「自慢するんだったら、臨床の腕とか、論文の数とかにすればいいのに」とあきれていました。

自慢するのは、自分が征服した女性を「狩り」の獲物のようなものと認識しているからでしょう。自分が仕留めた獲物を剥製にして部屋に飾るのと同じ心理から、画像を保存するわけです。

しかし、これはかなりの危険を伴います。携帯に保存していた画像を妻に発見され、それをSNSで拡散されて大騒動になった医師を知っています。自業自得でしょうが、それですべてを失いかねません。「狩り」感覚で女性を征服することにはそれなりのリスクが伴うことを肝に銘じるべきでしょう。

禁を犯す快感

不倫によって味わう快感といえば、禁を犯す快感もそうでしょう。この快感が忘れられず、不倫を繰り返す人は男女問わずいるようです。

そもそも、一般にやってはいけないと禁じられており、その禁を犯すと罰を受けるかもしれないことをあえてするのは、それなりの快感を味わえるからです。たとえば、中学・高校時代に親に隠れて吸った煙草の味は格別だったと話す男性がいます。また、禁酒法時代のアメリカで法を犯して飲んだ酒も格別だったはずです。

このように禁を犯して何かをすると、格別の快感を味わえます。不倫も、姦通罪があった戦前ほどではないにせよ、倫理に反する〝悪〟とみなされています。とくに芸能人や政治家などの不倫が発覚すると、世間からコテンパンに叩かれ、すべてを失いかねません。だから、有名人ほど、わが身を守るために不倫などというヤバいことはしないように気をつけるはずだと普通は考えますが、必ずしもそうとは限りません。なかには、そのリスクをあえて犯して「背徳の悦び」を味わう人もいるのです。

「背徳の悦び」というと難しい感じがするかもしれませんが、平たくいえばハラハラ、ドキドキする刺激が快感になるわけです。こういう刺激を求める人ほど、やってはいけない〝悪〟とされている不倫を繰り返しやすいように見受けられます。病みつきになるからでしょう。

他人のものを奪う勝利感

他人のものを奪う勝利感を味わいたくて不倫を繰り返す人もいます。その典型が、妻帯者ばかり好きになる女性でしょう。

こういう女性は俗に「不倫体質」と呼ばれます。美人で、性格も良く、かなりモテるはずなのに、なぜか結婚できそうな独身男性には目もくれず、既婚男性とばかり恋に落ちる女性がいます。

その一因に、妻帯者と男女の仲になれば、不倫相手の妻に勝ったという勝利感を味わえることがあるでしょう。どこまで本人が意識しているかはわかりませんが、この勝利感に酔いしれたくて不倫を繰り返すわけです。

こうした性向が認められるのは女性に限りません。男性にもときどき認められます。人妻、あるいは恋人や婚約者のいる女性にばかり猛アタックして、自分のものにすることを繰り返す男性がいますが、この手の男性も他人のものを奪う勝利感を味わいたいのでしょう。

つまり他人のものがほしくなるという心理が不倫の根底に潜んでいるわけですが、これは実は欲望の本質でもあります。フランスの精神分析家、ジャック・ラカンが「人間の欲望は他者の欲望である」と述べたように、誰にでも多かれ少なかれ他人の欲望を取り込んで自分の欲望にするところがあるからです。平たくいえば、他の誰かの欲望の対象だからこそ、自分も欲望を感じるのです。

たとえば、行列のできる店は、さらに客が増えて、ますます繁盛します。そのため、お金を払ってサクラを雇ってもいいから、長い行列ができるようにするというマーケティングの手法さえあります。私が身を置く医療業界でも、待合室がガラガラだと、ヤブ医者だと思われて、患者さんが来なくなるかもしれないので、開業当初はサクラを雇ってでも待合室が患者さんであふれているように見せかけるほうがいいという話を聞いたことがあります。

これは、行列ができる店、あるいは待合室が満員の診療所は、他にもそこに行きたいと思う人がたくさんいるところ、つまり「他者の欲望」の対象だからこそ、自分自身の欲望も刺激されるためでしょう。行列ができない店や閑古鳥が鳴いている診療所は、「他者の欲望」の対象ではないので、誰も行きたいとは思わず、ますますガラガラになるわけです。

これと同じ理由で既婚者にばかり欲望を触発される人が、不倫に走りやすいのです。こういうタイプは、他人のものを奪う勝利感に突き動かされています。ですから、せっかく不倫相手の離婚が成立して、結婚にまでこぎ着けても、そのとたんに冷めてしまうことが少なくありません。当然、結婚生活もうまくいかず、場合によっては夫婦が2人とも不倫に走ってしまうこともあるのです。

悲劇のヒロインであるがゆえの恍惚感

見逃せないのは、不倫を繰り返す女性が悲劇のヒロインであるがゆえの恍惚感に浸っているように見える場合があることです。何年も不倫関係を続けながら、相手の男性がなかなか離婚してくれないことに悩んで、うつになったという女性が私の外来を受診したのですが、驚くことに次の相手も既婚者でした。

こういう女性には同情すべきだし、気の毒だとも思います。ただ、不倫に悩んで私の外来を受診した女性のなかには、なかなか幸せになれない自身の「不幸癖」を嘆きながら、悲劇のヒロインであるがゆえの恍惚感に浸っている印象を与えた方もいないわけではありません。

もちろん、男女の愛にはさまざまな形があります。「不倫は悪」という正義を振りかざして叩くような野暮なまねはしたくありません。第一、それは本書の趣旨ではありません。

しかし、本当に幸せになりたいのであれば、結婚できそうな独身男性と交際すればいいのにと思ったことは何度もあります。同じことを友人からも言われたと話す女性もいましたが、それでも不倫関係を続けていたのです。

このような女性を観察していて気づいたのは、全員とはいえないまでも、その多くが子どもの頃に父親から愛されなかったせいで、愛情の飢餓感を抱えていることです。両親が離婚した、父親が仕事で忙しかった、兄弟姉妹のなかで自分だけ父親から冷たくされた……といった理由から、子どもの頃に父親から十分愛してもらえなかったという不満がくすぶっていました。

だからこそ愛情欲求が人一倍強くなり、理想の父親像を求め続けるからでしょうか、父親イメージを漂わせるかなり年上の男性ばかり好きになるのです。しかし、そういう男性はすでに結婚していて、子どももいる場合が多いので、どうしても不倫になりやすいわけです。

たとえば、30代の女性は勤務先の会社の50代の上司と不倫関係にあり、「妻とは長年うまくいってなくて仮面夫婦なので、離婚するつもり」という言葉を信じて待っていました。しかし、上司はなかなか離婚してくれず、業を煮やして、不倫相手の妻に無言電話をかけたり、不倫関係をばらすような文書を会社の上層部にファックスで送ったりしたのです。誰がやったかはすぐわかりますから、彼女自身が会社に居づらくなり、退職に追い込まれました。同時に、左遷された上司との関係も終わったのです。

その後うつ状態になり、私の外来を受診したのですが、話を聞くと、以前から父親くらいの年齢の男性とばかり男女の関係になっていたことがわかりました。大学生の頃は担当ゼミの教授と、就職してからも勤務先の上司と何度も不倫関係になっており、そのたびに職場を退職しています。

さらに話を聞くと、この女性は幼い頃、父親の不倫による両親の離婚を経験していることがわかりました。父親が職場の部下と不倫して妻子を捨てたため、この女性は父親の顔をほとんど覚えていないということです。

再婚した父親にはすぐに子どもが生まれたようで、両親の離婚後は父親に会う機会さえありませんでした。それどころか、母1人子1人の家庭で父親の話をすることはタブーだったのです。

このように父親から愛された経験がなかったことが、父親的な人物への切実な愛情欲求を生み出したのかもしれません。だとすれば、たとえ悲劇のヒロインであるがゆえの恍惚感に浸っているように見えても、この女性ばかりを責めるわけにはいかないでしょう。

父親が職場の部下と不倫したため、娘として寂しく、つらい思いをしたのなら、逆の立場とはいえ同じことをしなければいいのにと私は思います。しかし、なぜか娘自身が同じことを繰り返し、不倫相手の家庭に波風を立て、結果的に自分自身も不幸になってしまうのです。

虐待と同様に不倫も連鎖することがあり、そのせいで「親の因果が子に報い」という言葉通りになるわけです。

自分だけは大丈夫という思い込み

これだけ不倫が報じられており、不倫によって政治生命をほぼ絶たれた政治家も表舞台に出られなくなった芸能人も少なくない昨今です。こうした状況を見れば、「不倫はいつか必ずばれ、痛い目に合うのは自分だから、やめておこう」と考えるのが通常の思考回路ではないでしょうか。

ところが、そうは考えず、自分だけは大丈夫と思い込んでいる人がいるように見えます。有名人の不倫が報じられた際も、「顔も名前も知られているのに、あんなに無防備で密会を繰り返すなんて」と、その大胆さに驚いたことが何度かあります。

この自分だけは大丈夫という思い込みが強い人ほど、不倫を繰り返しやすいようです。たとえば、先ほど取り上げた〝超遊び人〟の医師もその1人で、何度も浮気が妻にばれ、そのたびに大騒ぎになったにもかかわらず、今度こそばれないと思い込んでいたようです。

実は、そういう姿勢も妻の怒りに拍車をかけたらしく、妻は院長に「うちの主人は、携帯にロックもかけず、リビングのテーブルに置きっぱなしにしているから、浮気相手とのやりとりも携帯に保存していた画像もすべて簡単に見られるんです。私は鈍いから気づかないと思われているんでしょうか。なめられているのかと思うと、よけいに腹が立って……」と愚痴をこぼしたそうです。

何度も妻に浮気がばれているのに、あまりにも無防備ですよね。その一因として、「自分は父親の病院の跡継ぎだから、いくら浮気がばれても、将来の院長夫人の座を手放したくない妻は離婚なんかできないだろう」と高を括っていることもあるかもしれません。

ただ、高を括っていると、手痛いしっぺ返しを食らうこともあります。たとえば、2017年に女優の斉藤由貴さんが、かかりつけの医師とのW不倫疑惑を報じられた際、最初は否定していたものの、斉藤さんの自宅リビングで相手の医師がパンティーをかぶっている写真が写真週刊誌に掲載され、一転して不倫を認めることになりました。

それだけ〝パンツかぶり写真〟が衝撃的だったからで、斉藤さんは女優生命が危ぶまれる事態に陥ったのです。この写真を流出させたのは誰なのかということも話題になりましたが、斉藤さんや不倫相手の医師がそんなことをするとは到底思えません。一番考えられるのは、それぞれの配偶者のいずれかが携帯などに保存されていたと思《おぼ》しき画像を見つけ、懲らしめるためもあって、写真週刊誌の編集部に持ち込んだ可能性です。

斉藤さんが自宅に不倫相手を連れ込んだだけでも、大胆だなと思います。それだけでなく不倫相手の〝パンツかぶり写真〟が保存されており、しかも第三者がそれを手に入れられる状態だったのは、かなり無防備です。

私の外来に通院中の女性のなかにも、夫の携帯に保存されていた不倫相手とベッドでからみ合っている写真を見つけ、衝撃を受けて眠れなくなった方がいます。しかし、この女性は夫には何も言わず、この写真を自分のデバイスに保存しました。それ以降も、同じような写真を見つけるたびに保存していますが、これは離婚のための準備だそうです。莫大な慰謝料を請求するために、不倫の証拠となる写真をできる限りたくさん集め、夫に突きつける日を虎視眈々と待ち構えているわけです。

配偶者が何も言わないからばれていないと思い込み、自分だけは大丈夫と高を括っていると、痛い目に合いますよ。なめられているという悔しさが怒りの炎を一層燃え立たせるのが人間という動物なのですから。

不倫が悪いとは思わない

不倫を繰り返す人のなかには、不倫が悪いとは思わない人もいるようです。先ほど述べたように、本書では「不倫は悪」という価値観を絶対的な正義とみなしているわけではありません。そうではなく、不倫の根底に潜む心理や背景にある社会的・文化的要因をできるだけ中立的な視点から分析しようというのが本書の趣旨です。

ですから、不倫を悪いことだとは思っていない人を非難したいわけではなく、そういう人にしばしば認められる傾向を明らかにしたいのです。

まず、自己正当化の傾向が強いように見受けられます。たとえば、男性であれば「妻に女としての魅力がないから」「仮面夫婦なんだから仕方がない」「一生1人の女で満足できる男なんているわけがない」、女性であれば「好きになった人にたまたま妻子がいただけ」「結婚は早い者順かもしれないけど、恋愛は違う」「私が若くて魅力的だから男が寄ってくるのよ」などと不倫を正当化するわけです。

先ほど取り上げた歌舞伎界の「遊びは芸の肥やし」という伝統も、不倫の正当化のためにしばしば用いられる印象を受けます。もしかしたら、芝翫さんは不倫が悪いとは思っていないのかもしれません。

もちろん、不倫がばれると、配偶者の怒りを買います。また、最近では職場で冷たい目で見られ、左遷や降格の憂き目に遭うこともあります。場合によっては、退職に追い込まれるかもしれませんし、不倫相手の配偶者から慰謝料を請求されるかもしれません。

そういうまずい事態になると、謝罪しますし、反省した素振りも示します。その後しばらくはおとなしくしているでしょうが、自分が本当に悪いことをしたと心から思っているわけではありません。むしろ、運が悪くてばれただけと思っていることが多く、機会さえあれば、また不倫を始めるのです。

これは、厳格な倫理観を持っていないからかもしれません。『姦通罪』が存在していた戦前ならともかく、現代では不倫は犯罪ではないのだから、他人からとやかく言われる筋合いはない。あくまでも家庭内の問題だ」と思っているわけです。

たしかに不倫は家庭内の問題かもしれませんが、そのせいで配偶者や子どもを深く傷つけることもあります。夫の不倫に気づいて眠れなくなり、自傷行為を繰り返すようになった女性もいれば、両親が不倫でもめているのを敏感に感じ取り、不登校になった子どももいます。そういう事態になりうることに想像力が働かないようです。

もしかしたら、歯止めになるものがないからかもしれません。通常は、夫婦間の愛情と信頼関係、あるいは子どもへの思いやりなどが不倫の歯止めになるはずです。しかし、そういうものがない場合や、たとえあっても本人がそれほど重視していない場合、不倫を繰り返す可能性が高まります。

その結果、大切な家族を失うこともあるでしょう。大切なものを失った後で、それがいかにかけがえのないものだったかに気づいても、後の祭りです。ですから、不倫が悪いとは思わないのは個人の勝手であり、そういう思想信条を批判するつもりはありませんが、それによって自業自得ともいうべき代償を支払う羽目になるかもしれないことは、覚悟しておくべきでしょう。

第3章 不倫に対する反応

怒りに震える

夫婦のどちらかの不倫が発覚すると、相手は雷が落ちたような衝撃を受けます。その前と後では、人生が根本的に変わってしまうといっても過言ではありません。夫婦関係を再構築するか、それとも離婚するかという決断を迫られることも少なくないでしょう。

不倫が発覚するきっかけも、不倫の期間も、不倫相手との関係もさまざまです。また、不倫がばれたときに、すぐ認める人もいれば、あくまでもシラを切る人もいます。たとえ認めても自分は悪くないと自己正当化する人もいれば、逆に素直に謝る人もいるでしょう。

このように多種多様だからこそ、19世紀のロシアの文豪、トルストイは『アンナ・カレーニナ』の冒頭で、

「幸福な家庭はすべて互いに似かよったものであり、不幸な家庭はどこもその不幸のおもむきが異なっているものである」

と述べたのです。

この名作は、夫がかつてわが家にいた家庭教師のフランス婦人と不倫関係にあったことを知って、妻がもうとても一つ屋根の下で暮らすことはできないと宣言するところから始まります。

こういう宣言をしたのは、それだけ妻の怒りが激しかったからでしょう。「不幸な家庭はどこもその不幸のおもむきが異なっている」にせよ、不倫された側が怒りに震えるのは、古今東西共通ではないでしょうか。

その最大の原因として、不倫には嘘や隠蔽がつきものであり、不倫を知った側がだまされたと感じることがあるでしょう。当然、夫婦間の信頼関係は壊れますし、愛情にもヒビが入ります。その結果、怒りの炎がさらに燃え上がるのです。

たとえば、夫の不倫を知って眠れなくなり、私の外来を受診した30代の女性は次のように訴えました。

「浮気がばれたとき、夫はなんて言ったと思いますか？『どうしてあんなことをしたのか、わからない。どうしたらいいか、わからない』と言ったんですよ！　この言葉を聞いたとき、頭にカーッと血が上りました。どうしたらいいか、わからないのは私のほうですよ！　夫は私をだましていたんですよ！　それなのに『たいしたことじゃない。単なる遊びだから』とも言いました。

そのうえ、『僕は素直に白状したんだから、正直だろ』とほざいたんですよ！　本当に正直なら、浮気なんかしないはずです。嘘をついて、その女とこそこそとホテルに行っていたのは、正直じゃないからでしょ！

私は泣きわめき、夫の顔や腕を叩きました。夫は『落ち着けよ』と言いましたが、私はわめき続けました。しばらくして、私が泣きやむと、夫は『許してくれ』と頼みました。でも、私はとても許す気にはなれず、とりあえず着替えだけをボストンバッグに詰め、子どもを連れて実家に戻ったんです。

今後のことを考えると、不安で眠れなくなります。私は専業主婦なので、子どもを養うだけの経済力がないからです。だから、実家の母は『男の人にはよくあることだから、子どものためにも我慢するほうがいいんじゃない』と言います。私も『たいしたことじゃない』と割り切って夫とやり直すほうがいいのかなとも思うのです。でも、私をだましていた夫への怒りはおさまりません」

このように、だまされていたことへの怒りが強いケースは少なくありません。そういう場合、「私をバカにして」「おれを何もわからない間抜けだとなめているのか！」「夫は私の目を見つめながら『おまえを絶対裏切らない』と言ったのに、その口で他の女を口説いていたなんて」「妻は嫉妬してよくヒステリーを起こしていたのに、自分が浮気していたなんて」といった言葉が、裏切られた側からしばしば出てきます。

こういう言葉が出てくるのは、それだけ怒りが強いからでしょう。この怒りは、それまで夫婦で築いてきた信頼関係に比例して強くなるのです。

怒りから復讐願望へ

不倫に対する怒りが強いと、配偶者と不倫相手への復讐願望が芽生えることもあります。たとえば、高校時代の同級生が自分の夫と不倫し、妊娠したことを知った30代の女性は、次のように訴えました。

「あの子は、昔から他人のものをほしがる子でした。でも、よりによって私の夫を寝取るなんて。独身で子どももいなかったから、ちゃんと結婚して子どもにも恵まれた私がうらやましかったんですかねえ。そりゃあ実家暮らしで、仕事もせず、ブラブラしていたのだから、自分磨きのための時間もお金もいくらでもあったはずで、いつもきれいにしていられますよ。それにひきかえ私は育児と家事、それに仕事もしていて、手入れする暇もお金もなかったわ。悔しいし、腹が立つ。だから、私にどういうことをしたのか、思い知らせてやりますよ！」

この女性は、離婚に際して夫に多額の慰謝料と養育費を請求しました。不倫相手が妊娠して、焦っていたのか、夫は要求通りに支払ったそうです。それだけでなく、不倫のせいで結婚生活が破綻し、多大な精神的苦痛を受け、経済的損失を被ったとして、不倫相手の女性に対しても多額の慰謝料と損害賠償を請求する訴訟を起こしました。裁判沙汰にしたのは、お金がほしいというよりも、夫と不倫相手の女性を経済的に困窮させたいという思惑があったからだということです。狙い通り、２人は結婚して、子どもも生まれたものの、経済的にはかなり苦しいようです。

配偶者と不倫相手に恥をかかせ、職場に居づらくさせることによって、復讐願望を満たそうとする人もいます。妻がパート先の店長と不倫関係にあるのではないかと疑った40代の男性は、興信所に依頼して不倫の証拠写真を撮影させ、それを妻のパート先の本社に送りつけました。そのうえ、店長がパート店員と不倫関係にあることを把握しているのか、管理責任はどうなっているのかなどと問いただす文書も内容証明郵便で送付したのです。

この文書に対する返答はなかったようですが、店長は降格処分を受け、系列の倉庫で平社員として働くようになり、結局依願退職しました。妻も、他のパート店員が流した虚実入り交じった噂話やロッカーへの落書きがひどく、居づらくなって退職したのです。

妻にとって、それ以上に耐えがたかったのは、子どもを失ったことでしょう。不貞行為を理由に、子どもの親権を夫に奪われたのです。離婚届に署名捺印するよう夫と弁護士から要求され、身一つで住んでいた家から追い出された妻は、仕事も住まいも子どもも何もかも失ったわけです。

このように、配偶者が自分を裏切っていたことを知ると、たいていの人は、怒りに駆られ、相手を少しでも不幸にしたいと復讐願望を募らせます。これは、怒りの本質からすれば当然といえるでしょう。

古代ローマの皇帝ネロの家庭教師を務め、その後顧問官に就任したものの、ネロから死を命じられ、手首を切り毒薬を飲んで死んだ哲学者、セネカが述べたように、怒りとは「不正に対して復讐することへの欲望」にほかなりません。自分が不正に害されたという悔しさから生まれる、相手に罰を与えたい欲望ともいえるでしょう。

不倫された側からすれば、不倫とは不正そのものです。夫の不倫に気づいて、気分が落ち込み、何をする意欲もなくなった妻が私の外来を受診した際、「私は何も悪いことなんかしてないのに、なぜこんな目に遭わないといけないんですか」と訴えました。この言葉は、配偶者の不倫で苦しんだ人の腹立たしい気持ちを代弁しているのではないでしょうか。

もう1つ忘れてはならないのは、やはりセネカが指摘したように「怒りが楽しむのは他人の苦しみ」だということです。悪意と嫉妬は「相手が不幸になるのを欲する」だけですが、怒りは「不幸にするのを欲する」のです。

というのも、怒りは、相手が不幸になるのを待っていられないからです。そのため、「みずから害することを欲する」わけで、それが慰謝料や損害賠償を請求するとか、内容証明を送りつけるとかいう能動的な行為になって表れるのでしょう。

もちろん、復讐のためにいろいろやるには、お金も時間もかかりますし、かなりのエネルギーも必要です。自分自身が恥をかいたり傷ついたりすることもあるかもしれません。それでも、とにかく相手を少しでも苦しめ、罰を与えたいという処罰感情のほうが勝つのです。これは、不倫されて自分はとても苦しんだのだから、相手にも同じような苦しみを味わわせたいという気持ちが強いからではないでしょうか。

疑い深くなる

配偶者の不倫に気づいた後、多くの人が疑い深くなるようです。これは当然の反応かもしれません。何しろ、それまでは信じて疑わなかった相手が嘘をついていて、まんまとだまされていたわけですから。

たとえば、妻の不倫を知って眠れなくなり、私の外来を受診した30代の男性は次のように訴えました。

「携帯に残っていたSNSのやりとりや画像を妻に突きつけ、問い詰めると、妻は不倫を認めました。そして、その男とはもう別れると言いました。だから、妻を信じようとは思うのです。でも、疑わずにはいられません。もし僕が気づかなければ、ずっと関係を続けていたんじゃないか、僕が気づいたから、別れることにしただけなんじやないか。いや、そもそも、別れると妻は言っているけど、実は隠れて関係を続けているんじゃないか……。

いろいろ考えると不安になり、つい妻を問い詰め、きつい言葉を吐いてしまうのです。妻に手をあげたこともあります。そのせいで、妻の気持ちが僕から離れ、またあの男のもとに行ってしまうのではないかと思うと、不安でたまらず、夜眠れないんです。もんもんとして、夜中に妻を起こしたこともあります」

このような疑惑が頭から離れないと、たとえ不倫した側が夫婦関係を再構築したいと希望しても、本心からそう思っているのかと不倫された側は疑いのまなざしを向けるかもしれません。

「夫はやり直したいと言っているけれど、本当に私への愛情からなのだろうか。本当は子どものため、ローンで購入したマンションのため、自分の親の介護のためなのではないか」

「妻はおれと一緒にいたいと言っているが、本当は子どもと離れたくないだけなのではないか。あるいは、おれが稼いでくるお金を失いたくないだけなのではないか」

こうした疑惑が頭をもたげるのは、不倫されたことによって、自信を失うからでしょう。不倫は、裏切られた側の自己評価を根底から揺るがし、自尊心を傷つけます。
だからこそ、不安も猜疑心も強くなるのです。

喪失感にさいなまれる

不倫された側は、大切なものを失ったと感じます。愛する人を寝取られて失ったと感じるのはもちろんですが、それだけではありません。同時に、信頼関係、さらには夫婦関係に対して抱いていた幻想も失ってしまったと感じ、もう取り返しがつかないとさえ思うこともあります。

たとえば、夫の不倫を知った20代の女性は、次のように訴えました。

「夫が会社の同僚の女性との浮気を白状したとき、私は猛獣みたいに泣きわめきました。それまで夫を全面的に信頼していたので、裏切られたショックが大きすぎたのです。夫は『悪かった。彼女とは別れる』と言いましたが、同じ会社だから顔を合わせることもあるでしょう。夫を信頼することは、もう2度とできそうにありません」

このように信じていた相手から裏切られたことによる喪失感は大きいようで、夫の不倫によってうつになった30代の女性も次のように訴えました。

「周囲の誰もが、私たちを理想の夫婦だと言っていましたし、私自身もそう思っていました。夫は、とても優しかったからです。今から思えば、優しすぎたかもしれません。ところが、ある時期から夫は冷たくなり、私が話しかけても、返事をしないことさえありました。理由がわからず、私は戸惑うばかりでした。

そこで、あるとき冗談半分で『あなた、誰かいい人でもできたんじゃないの？』と聞いたのです。『そんなわけ、ないじゃないか』と笑いながら答えてくれるはずだと思って。でも、夫は『実は、そうなんだ』と答えたのです。私は何時間も泣き続けましたが、夫は慰めようともしませんでした。それどころか、『そういうめそめそしたところが嫌なんだ』とイライラした口調で言ったのです。

私は、自分の置かれた状況を受け入れられず、泣いてばかりいました。やがて、夫は帰ってこなくなり、会社に電話したら『すでに退職した』と言われ、夫の携帯に電話しても着信拒否でした。困り果てて、夫の実家に電話したところ、姑から『離婚届に早く判押してね』と言われ、数日後に署名捺印済みの離婚届が送られてきたのです。

ぼう然として、何をする気もなくなり、ずっと泣き続けていました。どうすればいいのか、全然わからなかったからです。パートの仕事にも行けなくなり、家事もできず、ずっと自宅にこもっていました。

でも、家賃や光熱費、食費は必要で、貯金を取り崩しながらギリギリでやりくりしていたのですが、それも底をついてきました。どうしようと途方に暮れていたときに、電話にも出ない私を心配した実家の母が訪ねてきたのです。母に泣きながら事情を話すと、『うつかもしれないから、心療内科を受診したら』と勧められました。それで、やっと診察を受ける決心がついたのです」

この女性は、不倫した夫に対する怒りも当然感じていたでしょうが、突然ボロぞうきんのように捨てられたことによる喪失感があまりにも強く、打ちのめされてしまったように私には見えました。

実は、不倫への怒りから復讐願望を満たそうとするのはかなり強い方で、喪失感にさいなまれ、どうすればいいのか見当もつかず、おろおろしている方のほうがむしろ多数派のような印象を受けます。

離婚をめぐる話し合いが自分に有利に進むようにするため、あるいは不倫相手に慰謝料や損害賠償を請求するため弁護士に相談するのは、かなりハードルが高いようです。そんなことは思いもよらないし、そのためのお金もないという方が実際には多いのではないでしょうか。

第一、打ちのめされていて、それだけのエネルギーがないのでしょう。もっとも、精神科医のもとを訪れる患者には、強い喪失感からうつになった方が圧倒的に多いという特有の事情があるため、そのような印象を私が受けるのかもしれません。

罪悪感を覚える

世間では、不倫はやってはいけない〝悪〟とされています。ですから、罪悪感を覚えるのは不倫した側のはずというのが通常の感覚でしょう。それに対して、不倫された側は、傷つき、多かれ少なかれ損害を被ったのですから、通常の感覚からすれば被害者とみなされてしかるべきです。

ところが、なかには不倫した側が「自分は悪い」とは思っておらず、逆に不倫された側が罪悪感を覚える夫婦もいるようです。

たとえば、夫の不倫を知ってうつになった30代の女性は次のように訴えました。

「夫は私のせいだと言うんです。私も、そうかもしれないと思うんですよね。夫はいつも食事などに文句ばかり言っていました。私が仕事と育児で疲れていて、家事が手抜きになっていたのはたしかなんですよね。それに下の子が生まれてから、セックスレスだったし。やっぱり、子ども優先で、どうしても夫の世話は後回しになってしまったのが悪かったのかなと思うんですよね。

夫はサインを出していたのに、私が気づかなかったのも悪かったかもしれません。姑からも『夫を大切にしないから、浮気されるのよ』と言われて……。やはり私の努力が足りなかったのでしょうか」

この女性が罪悪感を覚える理由はみじんもないはずです。悪いのは、共働きなのに家事も育児も手伝わず、文句ばかり言い、あげくの果てに不倫した夫のほうだと私は思います。

にもかかわらず、被害者のはずの妻が罪悪感にさいなまれるのは、夫と姑から「夫の不倫は妻が至らないせい」みたいに言われ、責められたからでしょう。このように、自分が不倫したくせに、配偶者を責めるのは、「自分は悪くない」と自己正当化することによって、自分が責められないようにするためです。また、たとえ離婚という事態になっても、慰謝料や養育費をなるべく払いたくないので、自分の責任をできるだけ認めないほうがいいという思惑もあるのかもしれません。

もちろん、夫婦のどちらかが不倫した場合、片方が完全に黒で、もう片方が完全に白ということはありえないでしょう。不倫した側にもそれなりの理由や言い分はあるかもしれませんし、不倫された側にも責められる点はあるかもしれません。それでも、夫婦関係にヒビが入るようなことをしたという点で、どちらにより責任があるかといえば、どう考えても不倫した側ではないでしょうか。

にもかかわらず、「自分は悪くない」と開き直り、逆に配偶者を責める人が一定の割合でいるのです。責められた側も、自分は被害者のはずなのに、「不倫の責任は自分にあるのかもしれない」「悪いのは自分のほうかもしれない」などと罪悪感を覚えることがあります。

妻の不倫を知って眠れなくなり、私の外来を受診した30代の男性もその1人で、次のように訴えました。

「妻は『私は悪くない』と言ったんです。そのうえ、妻は『私は自由にしたいのよ。あなたの独占欲が強すぎて束縛夫だから、息が詰まりそうだったのよ。結婚生活に不満があったから、誘惑されてしまったんじゃないの。私に不倫してほしくないんだったら、あなたが私を満足させてくれればいいのよ』とも言いました。

これを聞いて、頭にカーッと血が上りました。それで、つい妻を殴ってしまったのです。すると、妻は『DVよ、DV。DV夫なんて最低よ！』と叫び、家を飛び出しました。その日の夜には帰ってきましたが、それ以来妻は何かあるたびに、僕が妻を殴ったことに触れ、乱暴だと責めるようになったのです。

そのため、僕は『妻が言うように、自分は乱暴なのか』『妻が不倫したのは、自分の束縛のせいなのか』と思い悩むようになりました。僕としては、妻を束縛しているつもりはなかったのですが、妻のほうは窮屈に感じていたのかもしれません。妻に暴力を振るったのも、あれが最初で最後なのですが、妻にDV、DVと言われると、悪いのは僕のほうかもしれないとつい思ってしまうのです」

たしかに、妻に暴力を振るうのは、ほめられたことではありません。しかし、この男性の話が事実とすれば、妻は自分が不倫したにもかかわらず、反省のかけらもなく、開き直りすぎのように見えます。しかも、自分の不倫を夫の独占欲のせいにして、夫を責めたのですから、夫が怒るのも無理からぬ話でしょう。

この男性にせよ、先ほど紹介した女性にせよ、不倫されて傷ついた被害者のはずなのに、「自分も悪いのかもしれない」と罪悪感にさいなまれています。これは、不倫した側に責められたからでしょうが、それを真に受けるところがあるようにも見えます。

不倫した側も、それを見越して「とにかく責めれば、向こうが『自分も悪い』と思ってくれるかもしれないから、こちらの非は認めず、なるべく謝らないようにしよう」と考えるのかもしれません。

先ほど述べたように、不倫がばれても、「自分は悪くない」と自己正当化し、不倫を配偶者のせいにするのは、自分が責められないようにするため、さらには自分が損しないようにするためです。

そのあたりの思惑を見抜くことができないと、被害者のはずの不倫された側が罪悪感にさいなまれ、思い悩むことになります。こういう事態を避けるには、相手の主張をうのみにせず、常に「この人は、なぜこんなことを言うのか」を考え続けなければなりません。

恥ずかしいと思う

不倫した側が恥ずかしいと思うのならわかります。しかし、不倫され、裏切られた側が恥ずかしいと思い、配偶者の不倫を周囲に知られたくないと思うことがあります。これは、世間体を重んじ、「寝取られるのは恥ずかしいことだ」という認識を持つ日本人が多いからではないでしょうか。

たとえば、夫がママ友と不倫していることを知り、リストカットを繰り返すようになった20代の女性は次のように訴えました。

「ママ友仲間のランチ会でお手洗いに行ったとき、一番仲のいいママ友と別のママ友の会話が聞こえてきたんです。

『○○ちゃん（この女性の子ども）のパパはすごいわよね。△△ちゃんのママとも□□ちゃんのママとも浮気してるんでしょ』

『○○ちゃんのママ（この女性）は全然知らないみたいだけど、そのほうが幸せよね。かわいそうだけど、知らぬが仏って言葉もあるし、教えてあげないほうがいいわよね』

私は、めまいがして倒れそうになりました。固まったまま、2人が立ち去るのを待ち、しばらくして自分の席に戻りましたが、座っているのがやっとでした。ただ時間が過ぎ去るのを待ち、帰ったのです。夫の浮気についてママ友に尋ねるなど、とてもできませんでした。

もちろん、夫の浮気もショックでしたが、それ以上にショックだったのは、夫の浮気をママ友の多くが知っていたこと、そして『かわいそう』と憐れみのまなざしで私を見ていたことです。

これまでは、エリートでかっこいい夫を持ち、タワーマンションに住む私は勝ち組で、ママ友仲間からうらやましがられていると思っていたのに、実は憐れまれていると知って、ショックでした。でも、夫を問い詰めることはできません。そんなことをすれば、夫は離婚の話を切り出すでしょうが、私は高収入の夫と別れたくないのです」

この女性は、世間体を人一倍気にするタイプのように見えます。こういうタイプほど、不倫されたことを恥ずかしいと思うようです。「不倫されたのは、魅力がなかったから」「不倫するような夫を選んだのは、見る目がなかったから」と世間から思われるのではないかと考えるのです。当然、夫に不倫されたあげく、捨てられたら大恥という感覚の持ち主でしょう。

もちろん、その背景には、先ほど触れたように寝取られるのは恥という認識があります。このような認識は、むしろ男性のほうが強いように見えますが、これは昔からそうだったようです。

たとえば、江戸時代には、「確かな証拠があれば、夫は不義を犯した妻とその相手を殺害しても御構《おかまい》なし」と、八代将軍吉宗の時代に完成した法典『公事方御定書《くじかたおさだめがき》』のなかで定められており、「めがたきうち（妻敵討）」と呼ばれていました。しかし、たとえ妻の不義密通が発覚しても、妻とその不倫相手を追いかけて殺害することをためらう夫が実際には多かったようです（『不義密通―禁じられた恋の江戸』）。

なぜかといえば、「もし何もせずにいたら、妻の不義に気付かない〝馬鹿亭主〟か、あるいは知っていて見過ごしている臆病者と見なされてしまうおそれがある。が、かといって表立った妻敵討は我が恥を世間に公表するようなものだし……。それにもまして、もし失敗して逆に自分のほうが討たれてしまったら、それこそ天下の笑い物だ。

どうしよう」（同書）と葛藤し、思い悩んだからです。

現代でも、妻を寝取られて怒りに震え、「妻敵討」とまではいかないまでも妻と間男に何らかの形で復讐したいという願望を抱く夫は多いでしょう。しかし、行動を起こせば、自分の恥を世間に知られてしまうのではないかと不安にさいなまれる男性が実はたくさんいるのではないでしょうか。

そういう男性は、誰にも相談できず、もんもんと思い悩み、その結果不安や不眠、気分の落ち込みや意欲の低下などに悩むようになり、われわれ精神科医のもとを訪れるのです。

恐怖を感じる

配偶者の不倫を知って、怒りよりも先に恐怖を感じる方もいます。一番多いのは、性病への恐怖です。たとえば、夫が複数の女性と不倫していたことを知った30代の女性は、性病への恐怖からパニック状態になり、私の外来を受診しました。

「私が最初に感じたのは、性病、とくにＡＩＤＳへの恐怖です。夫は、浮気相手との性行為ではコンドームを付けていたと言いましたが、私は安心できませんでした。たとえコンドームを付けていても、ＡＩＤＳに感染することがあると以前聞いたからです。そのため、私は恐怖からパニックになって過呼吸発作を起こし、夫が呼んだ救急車で病院に運ばれました。そこで、心療内科を受診するよう勧められたのです」

この女性の不安と恐怖は非常に強く、抗不安薬を処方しても、なかなかおさまりませんでした。そのため、夫婦2人でＡＩＤＳの検査を受けるよう助言したところ、この夫婦は渋々検査を受け、陰性であることが判明して、やっと落ち着きました。

もっとも、それで一件落着となったわけではありません。それ以降、この女性は「あなたのせいでＡＩＤＳの検査を受けなければいけなくなり、どれだけ恥ずかしかったかわかる⁉　あなたのことはもう2度と信用できない」と夫を責め続けたそうです。

このように恐怖を感じるのは、女性に多いように見受けられます。性病への恐怖以外にも、離婚への恐怖を感じる方が少なくありません。夫の不倫を知らされても、怒りよりもむしろ離婚されるのではないかという恐怖を覚えるのです。

とくに経済力のない専業主婦に多く、「夫に捨てられたらどうしよう」という恐怖が先に立つため、不倫について夫に尋ねられません。証拠を集めて、夫を問い詰めるなどということは、とてもできないのです。

もちろん、心の奥には怒りが渦巻いているのでしょうが、それを表に出すと、夫が逆ギレして「じゃあ離婚して、不倫相手と再婚する」と言い出すのではないかという恐怖のほうが強いのです。

こういう女性は「夫の不倫を知っても、私には何もできない」と無力感にさいなまれることが多いようです。そのあたりの事情を夫も薄々わかっているのか、「いくら不倫しても、どうせ妻は何もできない」と高を括って、不倫を繰り返します。つまり、妻をなめているからやりたい放題になるわけで、その結果、妻の無力感がさらに強くなるという悪循環に陥りやすいのです。

不倫が報じられた有名人への怒り

最後に、本筋とは少しずれますが、不倫が報じられた有名人に対する世間の怒りについて分析したいと思います。

不倫には倫理上の問題があり、当事者が怒るのはもっともだと思います。しかし、芸能人やアスリート、政治家などの有名人の不倫が報じられると、当事者以上に世間が激しく反応し、バッシングすることも少なくありません。

最近は、有名人の不倫報道に対する世間の反応に違和感を覚えることもしばしばあります。不倫をめぐる問題はあくまでも当事者同士の話し合いに任せるべきであり、赤の他人がとやかく言うことではないというのが私の持論だからです。

有名人の不倫によって被害を直接被ったわけでもないのに、世間が怒るのは一体なぜでしょうか？　このような怒りの根底に潜んでいるのは一体何なのでしょうか？

まず、「けしからん」「許せない」と声高に叫びながら、一緒になって叩く人の心の奥には、羨望が潜んでいる可能性が高いと思います。羨望とは、うらやましいという気持ちですが、その本質は他人の幸福が我慢できない怒りなのです。とくに、他人が楽しそうにしている「他者の享楽」は羨望の対象になりやすく、その最たるものが男女関係、肉体関係でしょう。

資産家あるいは社会的地位や名誉を持つ人に、私たちは憧れますが、それほどうらやましいとは思いません。ところが、いわゆる〝モテ男〟〝モテ女〟となると、途端に激しい羨望を覚えるのです。

なぜかといえば、誰でも心のどこかで「モテたい」と願っているからです。それを表に出すか、出さないかの違いがあるだけです。こういうことを申し上げると、反感を買うでしょうが、これは真実なので、仕方ありません。

もっとも、そんな願望が実現するのは、ごく一部の〝特権階級〟だけでしょう。たとえば、第2章の冒頭で取り上げた石田純一さんは、60歳を過ぎていながら、20代の若い女性を宿泊先に〝お持ち帰り〟しましたが、こんなことができるのはごく一部の男性だけです。やはり石田さんがモテ男だからできたことで、激しいバッシングを浴びた一因として、世の大多数の男性の胸中にかき立てた羨望があることは否定できません。

自分がやりたくてもやれないこととか、やりたいのに我慢していることとかを他の誰かが易々とやってのけると、他人の幸福が我慢できない怒りを抱くのが人間という生き物なので、これは当然でしょう。ただ、未婚者と既婚者では、その心理に少々違いがあるように見受けられます。

まず、未婚者、とくに結婚できない未婚者が既婚者の不倫を叩く場合は、自分は1

度も結婚していないのに、向こうは少なくとも1度は結婚しておきながら、そのうえ他の異性とも関係を持つなんてけしからんという心理が働くようです。

就職氷河期世代も、間もなく50代です。経済的困窮から恋愛や結婚の機会を逃した人は男女を問わず、今の日本社会では珍しくありません。つまり恋愛や性的関係に対して、数多くの人々が心の奥にルサンチマン（恨み）を抱いている可能性がありますが、それに比例して、有名人の不倫に対する羨望も強くなるわけです。

一方、既婚者が他人の不倫を徹底的に攻撃する場合は、羨望だけでなく自己正当化の欲望もしばしばからんでいます。夫婦生活において大切なこととされている誠実さが絶え間ない誘惑をしりぞけて初めて守られることは、既婚者であれば誰でも多かれ少なかれ経験しているでしょう。だからこそ、不倫願望を心の奥に秘めていながら、我慢せざるを得ないとか、実行に移せないとかいう人ほど、他人の不倫を激しく叩くわけです。

また、不倫という他人の〝悪〟を徹底的に攻撃することによって、自分にはそんな〝悪〟などないかのようなふりをすることもできます。とくに誠実であるべき責任を分かち合う配偶者の前で、他人の不倫を攻撃すれば、自分には不倫願望のようなやましい欲望などないのだと自己正当化できるわけです。

不倫を叩くことによって復讐願望を満たす

羨望は非常に陰湿なので、そんな感情を自分が抱いていることは、誰だって認めたくありません。第一、羨望が自分の心の奥にあるのを認めると、羨望の対象より自分が劣っているのを認めることになります。それは、自己愛が許しません。だからこそ、羨望の対象に何らかの落ち度が見つかると、これ幸いとばかり攻撃するわけです。

その絶好の口実が有名人の不倫です。なぜかといえば、不倫は〝悪〟という正義を振りかざして叩けるからです。

実は、正義の起源はルサンチマンです。それを見抜いたのは、ドイツの哲学者、ニーチェです。一見正義を振りかざしているように見えるのに、実は「復讐を正義という美名で聖なるものにしようとしている」人間を、ニーチェは「ルサンチマンの人間」と呼びました（『道徳の系譜学』）。

不倫が報じられた有名人を袋叩きにする人々は、「ルサンチマンの人間」であるように私の目には映ります。それでは、一体何に復讐しようとしているのでしょうか？　羨望の対象である有名人が手にしている成功や幸福、富や名声などを、自分は手に入れられなかった過酷な運命に対してです。平たくいえば、うまくいかない自分の人生に対して復讐したいのです。

人生がうまくいかないと、日々欲求不満がたまっていきますが、強い自己愛の持ち主ほど、自分の能力や努力が足りないせいだとは思わないものです。いや、むしろ思いたくなくて、運命や環境のせいにするのでしょう。

しかも、欲求不満を解消する手段がなかなか見つからないと、どこかで鬱憤晴らしをする必要があります。そこで、復讐の口実を常に探すことになりますが、有名人の不倫は、その格好のネタなのです。

論理的に考えれば、自分の人生がうまくいかないことは、有名人の不倫とは何の関係もないはずです。しかし、そんなことはどうでもいいのです。不倫は〝悪〟という正義を振りかざして有名人を袋叩きにしたいだけなのですから。

彼らは、ニーチェの言葉を借りれば「裁判官を装った復讐の鬼たち」にほかなりません。だから、不倫が報じられた有名人を、これでもかというくらい激しく叩き、引きずりおろさないと気がすまないのです。

たとえ有名人が会見を開いて謝罪しても、「裁判官を装った復讐の鬼たち」はそのあら探しをして叩き続け、決して許しません。芸能人やアスリートであれば活動休止もしくは引退に、政治家であれば議員辞職もしくは出馬断念に追い込むまで、バッシングは続きます。

これほどバッシングが激しいのは、羨望の対象を攻撃すれば、自分の心の奥に潜む怒りやルサンチマンに目を向けずにすむことにもよるでしょう。自分の暗く、ドロドロした感情から一時でも目をそらすことができるわけです。

有名人の不倫へのバッシングが最近激しくなっているのは、それだけ「ルサンチマンの人間」が増えているからでしょう。その背景には、格差が拡大する社会で「いくら頑張ってもはい上がれない」「負け組はいつまでも負け組」などと不満を募らせる人が多いこともあるかもしれません。

もちろん、インターネット、とくにＳＮＳの普及によって「ルサンチマンの人間」が見えやすくなった事情もあるとは思いますが、復讐の念で揺れている人が多いことは無視できないのではないでしょうか。

第4章　不倫のトラウマ

交通事故を上回るショック

配偶者に不倫されたことによってトラウマ（心的外傷）を負い、ＰＴＳＤ（心的外傷後ストレス障害）に似た症状が出てくることもあります。

たとえば、20代の女性は、夫の浮気を知って、「高校生の頃に交通事故に遭い、入院したときよりも、つらかった。友達は『そんなの大げさよ』と言ったけど、本当に苦しかった」と訴えました。

この女性は、交通事故の後しばらく事故の場面が突然頭に浮かんでパニックになるとか、睡眠中も自分が車にひかれて血だらけになった夢を見て飛び起きるとかいう症状に悩まされていたのですが、夫の浮気が発覚した後も同様の症状が出現したのです。まず、他のことは何も考えられなくなりました。夫と不倫相手の女性が愛し合っている場面をついつい想像してしまい、ＡＶビデオのような映像が次々と頭に浮かんできたからです。

こうした映像は夜も彼女を悩ませたので、なかなか眠れませんでした。ベッドでもんもんとして疲れ果て、やっと寝ついたと思っても、今度は悪夢にうなされるのです。一番よく見たのは、自宅に帰って玄関を開けると、マスクを付けた全裸の男女が性交の真っ最中で、男が振り返ってマスクを取ると夫だったという夢です。

事故に遭ったり、事件を目撃したりした人が、その場面のフラッシュバック（再体験）に繰り返し悩まされるのは、ＰＴＳＤの典型的な症状です。ですから、この女性が交通事故の場面のフラッシュバックに悩まされたのはわかるのですが、夫と不倫相手の女性の浮気現場を直接目撃したわけでもないのに、その場面を想像して、フラッシュバックに似た症状に悩まされるというのは、驚きでした。

それだけ、夫と不倫相手の女性はどのように愛し合ったのか、夫は自分とはやらないようなことも不倫相手とはやったのか、夫は自分とのときよりも燃えたのか……といった疑問が頭から離れず、想像力を働かせたのでしょう。たとえ空想にすぎない映像でも、それが何度も脳裏に浮かんだり、夢に出てきたりすることがあるのです。

強迫観念

この女性のように、他のことを考えようとしても無理という方は少なくありません。嫌なことは思い出したくないので、気晴らしに何かしようと思うのですが、どうしても夫の不倫のことばかり考えてしまうのです。

夫が会社の部下と浮気していたことを知って、外出するのが怖くなった30代の女性もその1人で、次のように訴えました。

「夫の浮気相手とは1度しか会ったことがありません。会ったといっても、挨拶した程度です。夫が会議で必要な書類を自宅に忘れていたので、それを会社に届けたときに、受け取った女性がどうもそうみたいです。

1度しか会っていなくて、顔もスタイルも着ていた服もはっきりとは覚えていないのに、その姿がなぜか繰り返し頭に浮かんできて、私を苦しめます。それだけでなく、彼女と年格好が似た女性とすれ違うたびに、胸がドキドキして、めまいがするのです。

おまけに、浮気相手の女性とどこかで出会うのではないかと考えると、不安でたまりません。彼女に会ったら何と言おうか、それに対して彼女はどう答えるだろうか、向こうがしらばっくれたら証拠を突きつけようか、夫と別れてくれと言われたらどうしようか……などと想像してしまうのです。

彼女を待ち伏せして問い詰めようという気は全然ありません。むしろ、彼女と偶然出会ったらどうしようという不安が強いのです。冷静でいられる自信がなく、興奮して髪を引っ張るかもしれないし、かみつくかもしれないので。そのため、外出するのが怖くなり、よほど必要な場合以外は外出を控えるようになりました。買い物も、夫に頼んでやってもらっています。

夫の浮気相手のことを考えるのはやめようと頭では思います。でも、どうにもなりません。ちょっとしたきっかけで彼女の姿が頭から離れなくなり、彼女に出会ったらこんなことを言おう、あんなことも言おうといろいろ考えてしまうのです」

このように、繰り返し執拗に頭に浮かんでくる思考や心的イメージを、精神医学では「強迫観念」と呼びます。「強迫観念」に悩まされると、この女性のように他のことを考えられなくなったり、外出を怖がるようになったりして、日常生活に支障をきたしかねません。

「強迫観念」が厄介なのは、その内容が不合理でバカバカしいことも、実際にはめったに起きないことも自分ではわかっているのに、頭からこびりついて離れず、払いのけるのがきわめて難しいからです。

この女性が会社以外の場所で夫の不倫相手の女性と偶然出会う確率はきわめて低いことは、冷静に考えれば、わかりそうなものです。にもかかわらず、夫の不倫相手とどこかで出会うのではないかという「強迫観念」に悩まされているのです。

イライラして怒りっぽくなる

不眠や悪夢、あるいは「強迫観念」に悩まされていると、どうしてもイライラして怒りっぽくなります。

もちろん、その根底には不倫した配偶者に対する怒りがあるのですが、それ以外の家族や職場の同僚などに対しても怒りっぽくなることがあります。とくに子どもに対して怒りっぽくなると、さまざまな影響が出てきます。

女子中学生が、母親の作った食事を食べなくなり、コンビニで買ってきたお菓子を食べては吐くことを繰り返すようになったということで相談を受けたことがあります。摂食障害が疑われましたが、食べ吐きが始まったきっかけは父親の不倫でした。

父親が職場の同僚と不倫していたことが、妻（この中学生にとっては母親）にばれ、一悶着あったようです。しかし、母親は子どもには心配をかけたくないと、秘密にしていたのです。

それでも、夫の不倫によるトラウマのせいか、母親はイライラして怒りっぽくなり、子どもに当たるようになりました。靴をきちんとそろえなかったとか、ゲームをダラダラとしていたとかいう些細な理由で激怒するようになったのです。

夫の不倫について誰にも相談できず、1人で抱えていたせいで、ストレスがたまっていたのかもしれませんが、当たられる子どものほうは災難です。それに、中学生くらいになると、親が隠していても、もめていることは何となくわかりますので、父親の不倫のせいで母親がイライラしていることには薄々気づいていたそうです。

だから、「お母さんもかわいそう」と最初は我慢していたようですが、毎日のように母親から当たられて、さすがに耐えきれなくなったのでしょう。かといって、まだ中学生の身では抵抗する手段はありません。結局、母親がせっかく作ってくれた食事を拒否するくらいしか意思表示の手段がなかったのです。

もっとも、全然食べないとお腹がすいて仕方ありません。そこで、コンビニで買ってきたお菓子を食べるようになり、過食によってストレスを発散することを覚えたのでしょう。とはいえ、太りたくないという気持ちが人一倍強いので、食べては吐くことを繰り返すわけです。

ちなみに、摂食障害の女の子が抱く肥満恐怖の根底には、実は「お母さんのようにふっくらした体型の女性にはなりたくない」という気持ちが潜んでいることが多いのです。もちろん、摂食障害の女の子の母親がすべて太っているわけではありませんが、胸とお尻は丸いので、そういう体型への嫌悪があるようです。

母親自身も、夫の不倫によってトラウマを負った被害者です。しかし、そのせいでイライラして怒りっぽくなると、今度は子どもまで傷つけてしまいます。傷ついても、しんどいとか、もう限界だとかいう気持ちを親に言葉で伝えることができない子どもが、実は多いのです。

たとえ子どもが親に言葉で伝えても、親がきちんと受け止めないと、子どもは食事を拒否したり、食べ吐きを繰り返したりして、親を心配させることによってしかＮＯ

という気持ちを伝えられないのです。

子どもも親の不倫でトラウマを負う

親にNOという気持ちを伝えるための行動で割と多いのは、不登校です。男子中学生が学校に行けなくなったということで、心配した両親に私の外来に連れてこられたのですが、最初は拒否的で、何も話そうとしませんでした。しかし、信頼関係を築いていくうちに、少しずつ話すようになり、やがて彼の口から飛び出したのは、「昼休みに忘れ物を取りに家に帰ったとき、お母さんと男の人が一緒にベッドの中にいるのが見えた」という衝撃的な言葉でした。窓が開いていて、風でカーテンが揺れた瞬間その隙間から見えたらしく、家の中には入らず、そのまま学校に戻ったそうです。そして、翌日から不登校になったのです。

この男子中学生は、自分が目撃したことを父親に伝えるべきかどうか随分悩んだ末に結局父親に伝えました。父親はショックを受けたようですが、思い当たる節があったらしく、母親が入浴中に携帯をこっそり調べたところ、SNSでのやりとりやツーショットの画像がたくさん出てきたということです。

不登校は、二重の意味で合理的な行動といえるでしょう。まず、自分が学校に行かず、ずっと自宅にいるようになれば、母親は男性を連れ込むことができません。また、子どもが学校に行かないというのは、親にとっては最大の心配事ですから、母親を心配させることによって復讐も果たせるわけです。

このように、子どもは行動で意思表示をすることがあります。いや、むしろ、言葉ではうまく伝えられないので、無意識のうちに親を心配させるような行動に走ってしまうわけで、非行もその1つです。こういう場合、子どもも、親の不倫によってトラウマを負った犠牲者といえるでしょう。

青天の霹靂

配偶者の不倫によるトラウマは、予想もしておらず、突然不倫の事実を知った場合のほうが深刻なようです。たとえば、夫の不倫を、不倫相手から突然かかってきた電話で知らされ、うつになった20代の女性は次のように訴えました。

「夫はいつも優しかったし、子どもをたくさん育てられるような大きな家を建てたいと言っていました。私が妊娠したときも、ものすごく喜んでくれたんです。だから、この夫が浮気なんかするはずがないと信じきっていたのです。

でも、臨月のときに、夫の元彼女と名乗る女性から自宅に電話がかかってきて、『1カ月前からまた会うようになったのよ。だいたい、私のほうが先につき合っていたのに、あんたが横取りしたんだから、別れてちょうだい』と言われたんです。

それから私は泣き続けました。帰宅した夫は、泣きじゃくる私を見て、何があったかわかったみたいで、すべて白状しました。そして、泣きながら謝り、元彼女とは別れると約束してくれたので、私は許しました。夫を大好きだったし、初めての出産を控えていたからです。

でも、里帰り出産で私が実家に帰っていた間も、夫は元彼女と会っていたみたいで、しかも自宅にまで連れ込んでいたことがわかりました。自宅に戻ったときに気づいたのですが、元彼女はわざと痕跡を残していたようにも思えて……。もうショックで、過呼吸を起こし、付き添っていた母親が呼んでくれた救急車で病院に運ばれたんです」

この女性は、産後うつも重なって、家事も育児もできなくなり、実家で母親の助けを借りながら生活しています。夫は最低限の生活費を振り込んでいますが、元彼女との関係はずっと続いているようです。それでも、やがて別れてくれるのではないかと期待しているうちに、もう3年近くが過ぎました。

第1章で述べたように、妻の妊娠中は実は夫が不倫しやすい時期です。ですから、この時期に夫が元彼女とよりを戻したことに私はあまり驚かなかったのですが、この女性はそれまで夫を信じきっていただけに、ショックが大きかったのでしょう。そのせいで、なかなか立ち直れず、これから夫婦関係を再構築するのか、それとも離婚するのかという基本的な方針について考えることさえできない状態が続いているのです。

不倫をある程度予想できていたとしても

配偶者の不倫をある程度は予想していて、それなりに覚悟ができていても、やはりトラウマを負います。

たとえば度重なる夫の不倫が原因で離婚した30代の女性は次のように訴えました。

「結婚してすぐ、夫は浮気を繰り返す人間だということがわかりました。最初は、夫が浮気するたびに私は泣きわめきましたが、夫は何とも思っていない様子で、しばらくするとまた別の女性と浮気するのです。夫の浮気を責めたら、『じゃあ、おまえも愛人を作ればいいじゃないか』と言われたことさえあります。

浮気するのは勝手だけど、せめて私にわからないようにしてくれたらと思ったことも何度もあります。香水の匂いをプンプンさせていても、ワイシャツに口紅を付けていても平気でしたし、自宅にいるときも浮気相手から携帯にかかってきた電話に平気で出ていました。

だから、私としては、夫をＡＴＭとしてしか見ず、『生活費さえ入れてくれたらいい』と割り切り、子どものためにも我慢しようと思いました。夫が外で誰と浮気しようが、知らないふりをすることにしたのです。

でも、夫の浮気の痕跡は至るところに残っているので、いやでも目につきます。そのたびに心がざわついて涙が自然に出てくるし、どうしてもイライラして怒りっぽくなるのです。だから、もう限界でした」

この女性もそうですが、配偶者の度重なる不倫に悩まされてきた人は、割り切ろうとしても割り切れず、苦しみます。そういう状態が長年続くと、くたくたに疲れ果て、離婚を考えるようになる方もいますが、そのときにはもう年を取りすぎていて、人生をやり直すには遅すぎたと後悔するわけです。

たとえば、60代の女性は、長年夫の女癖に悩まされてきましたが、専業主婦で経済力がなかったので、子どものためと思ってじっと耐えていました。しかし、子どもがみな独立して家を出ていき、夫の定年退職も近づいた時期に夫の退職金を半分もらって離婚することを真剣に考えたそうです。そこで、すでに嫁いでいた娘に相談したところ、「年を取って1人暮らしは寂しいよ。それに年金も少ししかもらえないから、家賃を払ったら、ちょっとしか残らない。うちは狭いから、一緒に住むのは無理だし」と言われて、あきらめたということです。

いまだに離婚はしていませんが、ほとんど家庭内別居の状態で、夫は再就職先の同僚である未亡人と一緒に誕生日を祝ったり、旅行に行ったりしているらしいのです。この女性が夫に「そういうことはやめて」と頼んだところ、「おまえも恋人を作って、誰とでも旅行に行けばいいじゃないか」と言われて、どーんと落ち込んで何もする気がなくなったため、私の外来を受診しました。

60歳を過ぎた既婚の女性が新たに恋人を作って一緒に旅行に行くのは、よほどの美人か大金持ちでない限り難しそうです。それをわかったうえで夫はこういうことを口にするのでしょうか。それとも、妻への愛情がひとかけらもないから、妻が他の男性と一緒に旅行に行っても、痛くもかゆくもないということでしょうか。いずれにせよ、妻としては深く傷つくわけで、落ち込んだのも当然でしょう。

この女性のように、夫の不倫に長年悩まされていても離婚しない女性は、それなりに覚悟ができていそうに思われますが、必ずしもそういうわけではなく、やはり心が揺らぐようです。

その結果心身を病んだ方が「私の人生は一体何だったんだろうと思います」と外来で訴えるのを聞くと、配偶者の不倫に慣れることはできないのだと痛感します。それだけ、不倫は深いトラウマを残すということでしょう。

現実逃避

配偶者の不倫によって傷つくことを避けようとして、見て見ぬふりを続け、そんなことなどなかったかのようにふるまう場合もあります。これは、自分にとって都合の悪いことや望ましくないことが意識にのぼってこないようにするために、「否認」という防衛メカニズムが働くからです。

「否認」のメカニズムが働きやすいのはどちらかというと女性で、とくに体面や世間体を人一倍気にする女性に多い印象を受けます。こういう女性は夫の不倫から目をそらして、悲しみや喪失不安を感じないようにするのですが、そのためにしばしば用いられる手段が現実逃避です。

別の何かに夢中になることによって、夫の不倫に意識を向けないようにするわけで、没頭する対象は子育て、仕事、趣味、占い、宗教などさまざまです。つらいことから逃れようとして、全然違う領域の活動に夢中になった経験は誰でも多かれ少なかれあるのではないでしょうか。

対象が何であれ、それに夢中になっている間は、一時的にせよ、不倫によって生じた悲しみや喪失不安を感じずにすむでしょう。しかし、問題は、悲しみも喪失不安も消えてなくなるわけではないということです。心の奥にずっととどまったままなので、ふとしたきっかけで出てくると、どう対処すればいいのかわかりません。

しかも、現実逃避によって悲しみや喪失不安を封じ込めようとし続けると、身体症状が出てくることもあります。多いのは、じんましん、めまい、耳鳴り、動悸、腹痛、頭痛、生理不順などの症状です。

皮膚科や耳鼻科、内科や産婦人科などで検査を受けても、器質的な異常はなく、「ストレスではないですか」と言われて心療内科を受診した方に、思い当たる原因を尋ねたところ、配偶者の不倫だったということは珍しくありません。

悲しみや喪失不安を感じたくなくて、現実逃避したくなる気持ちはわかりますが、そういう気持ちをずっと封じ込めることはできないのです。無理して抑え込もうとすると、今度は体が悲鳴をあげるようになります。ですから、配偶者の不倫という現実からできるだけ目をそらさず、泣きたいときは泣き、ある程度は配偶者に怒りをぶつけて、感情を発散するほうがいいでしょう。

自信喪失

配偶者の不倫によって、誰でも程度の差はあれ自信をなくしますし、自己評価も低下します。これは、配偶者にとって自分よりも不倫相手のほうが魅力的だったという現実を突きつけられたように感じるからでしょう。

ここで問題なのは、配偶者の不倫相手の容姿が自分よりも優れている場合と、劣っている場合では、どちらが自信をなくすかということです。前者のほうだろうと思われるかもしれませんが、実は後者のほうが傷つくし、自信喪失に陥りやすいのです。

たとえば、30代の専業主婦の女性は、医師の夫と結婚して子どもにも恵まれ、幸せに暮らしていました。この女性は、元CA（キャビンアテンダント）というだけあって、スラッとした美人です。夫とは合コンで知り合い、夫の猛アタックによって結婚したそうです。

結婚当初、夫は都心の大病院に勤務しており、タワーマンションに住んでいましたが、夫の父親が急に病気で倒れ、田舎で開業していた診療所を続けられなくなったため、夫が継ぐことになりました。そのため、夫の実家の近くに一戸建ての家を建てて住み、この女性も診療所の受付の仕事を手伝うことになったのです。

環境の変化にもやっと慣れたころ、診療所の医療事務担当の女性から衝撃的な話を聞きました。夫と訪問看護担当の看護師が一緒に乗った車がホテルに入っていくのを見たというのです。

その看護師は、夫よりも年上の40代で、いかにも「田舎のおばちゃん」という感じの、お世辞にも美人とはいえない女性だったので、往診のために夫と2人だけで車に乗って出かけることがあっても、みじんも疑っていませんでした。

まさかとは思いましたが、診療所の他のスタッフからも同じような目撃情報を聞かされました。夫は都心の大病院に勤務していた頃から高級外車に乗っており、父親の診療所を継いでからも往診に行く際には同じ車に乗っていたので、その車が走っていると田舎では目立つのだそうです。だから、スタッフが「○○先生の車が走っている」と気づいて、助手席を見るといつも訪問看護担当の看護師が座っており、その車がホテルに入っていくこともあったということです。

この女性にとって何よりも許しがたかったのは、自分より年上で、容姿も劣る女性と夫が不倫していたことだそうです。元CAで、なまじ容姿に自信があっただけに、衝撃も強かったのでしょう。

似たような話を聞くことは少なくありません。「夫が若くてきれいな子と浮気するのならまだわかるけど、年上の不細工なおばちゃんと浮気していて、この人に負けたのかと思うと、ショックだった」と訴えた女性もいます。

人間は、他人と比較することによってしか自分の価値を確認できない動物です。比較の物差しとしてはさまざまなものがありますが、女性にとって容姿や年齢は重要な物差しになるでしょう。そういう物差しで比べたときに、自分より明らかに劣っているように見える女性に負けたと感じて自信を失うことは少なくありません。

夫の不倫によって自信をなくし、それまで頑張ってやってきたことがすべて無駄になったように感じて、その後の人生をうつむいてしか生きられなくなったという女性の話を聞くたびに、不倫は本当に罪深いと思います。

人間不信

配偶者の不倫によって人間不信になったという方は少なくありません。とくに、近しい人と配偶者が不倫していた場合、強い人間不信に陥るようです。

たとえば、第3章で紹介した、高校時代の同級生が自分の夫と不倫し、妊娠したため離婚した30代の女性は、それ以降誰も信じられなくなったということです。この女性は、夫には多額の慰謝料と養育費、高校の同級生にも多額の慰謝料と損害賠償を請求して裁判まで起こし、かなりの金額を手にしましたが、それでは満たされませんでした。

むしろ、信じていた2人に裏切られたことによる怒りと悔しさが強く、誰かを信用したらまた裏切られて痛い目に合うのではないかという不安に常にさいなまれているそうです。そのため、誰ともあまり深く関わらないようにしているということです。もちろん、男性とつき合うのも怖いということで、孤立した生活を送っています。

自分の兄弟姉妹に配偶者を寝取られた場合、事態はより深刻です。たとえば、20代の女性は、結婚してから1年も経たないうちに、妹が夫の子どもを妊娠しているということを実家の両親から知らされ、強いショックを受けました。

結婚することを決め、夫を実家の両親に紹介したときも、当時まだ大学生で実家にいた妹は、「こんな素敵なお義兄《にい》さんができてうれしい」と言っていたそうですが、どうも婚約中から妹と夫は男女の関係になっていたらしいのです。

それだけでも許せなかったのですが、さらにショックだったのは、実家の両親から「子どももできたことだし、おまえは身を引いてくれ」と言われたことだそうです。

生まれてくる孫がかわいいのはわかりますが、それでも両親から離婚を促されたことは信じがたかったようで、この女性は離婚後、遠方に引っ越し、携帯の番号を変え、実家とは絶縁して暮らしています。もちろん、住所も連絡先も両親には伝えていませんし、何があっても自分からは一切実家に連絡しないと固く心に誓っているということです。

不倫した側がトラウマを負うことも

これまでは、不倫された側が負うトラウマを取り上げてきましたが、不倫した側がトラウマを負うことも少なくありません。

多いのは、独身女性が既婚男性と不倫関係になり、「妻とは離婚する」という言葉を信じて長年待っていたのに、なかなか離婚してくれなかったケースです。待ち続けて年齢を重ねていくうちに、他の男性と結婚するのが難しくなることもあれば、出産可能年齢を過ぎてしまうこともあります。

とくに、不倫相手の子どもを妊娠したものの、相手の離婚がまだ成立していなくて、中絶せざるを得ない場合、女性は相当傷つきます。そのせいで事件にまで発展することもあるのです。

たとえば、2019年5月、JR熱海駅の構内で、交際していた男性の頬をカッターナイフで切りつけたとして、〝熟女グラビアアイドル〟の岩本和子さんが傷害容疑で逮捕されました。岩本さんは、被害者の男性と不倫関係にあり、この男性との間にできた子どもを中絶した翌日に犯行に及んでいます。

驚くことに、この男性は妊娠を告げられても「認知しない」の一点張りで、男性の妻からも「堕ろしてくださいね」と言われたということです。そのため、すでに妊娠5カ月を過ぎていたにもかかわらず、中絶手術を受けたようです。

女性の心身を傷つける中絶手術を受けたことが、岩本さんの犯行につながった可能性は十分考えられます。そのためでしょうか、不起訴処分が下され、岩本さんは病院の閉鎖病棟に約3カ月間入院し、同年11月に退院しています。

不倫相手の子どもを妊娠した岩本さんは、どうしようもない事情で中絶するしかなく、同意書にサインしたものの、術後に「お腹の子どもを殺してしまった」と後悔し、喪失感と罪悪感にさいなまれたのかもしれません。

そのせいで精神的に不安定になり、犯行に及んだ可能性もあります。この十字架を彼女はこれからずっと背負っていかなければならないでしょう。ですから、不倫した側もトラウマを負うのだということを忘れてはなりません。

第5章　再構築か離婚かの分かれ目

揺らぐ心

２０２０年に不倫で世間を騒がせた芸能人といえば、第1章で取り上げた渡部建さん、そして俳優の東出昌大さんでしょう。いずれも美人女優を妻に持ちながら、不倫に走り、世間から猛バッシングを浴びましたが、この2組の夫婦は対照的な選択をしました。渡部さんが佐々木希さんと結婚生活を続ける選択をしたのに対して、東出さんは杏さんと離婚したのです。

夫婦のいずれかの不倫が発覚したとき、夫婦関係を再構築するのか、それとも離婚するのかは、重要な問題です。どちらの選択をするほうがいいのか、双方とも真剣に悩み、話し合いを重ねるでしょう。

その際、とくに不倫された側は相反する2つの気持ちの間で揺らぐはずです。どうしても相手の裏切りを許せず、はらわたが煮えくり返っており、罰を与えて復讐したいという願望が強いものの、同時に相手への愛情や尊敬もまだ残っている場合が少なくありません。

また、自分を裏切った相手とはもうやっていけないと思いながらも、2人で一緒に過ごした楽しい思い出がよみがえってきたり、離婚後に直面する経済的な問題が脳裏に浮かんだりして、別れる決心がなかなかつかない場合もあるでしょう。

このように心が揺らぐのは当然といえます。むしろ、全然悩まずに再構築か、離婚かをきっぱりと決められる夫婦のほうが珍しいのではないでしょうか。

問題は、不倫した相手にもう1度チャンスを与え、夫婦関係を再構築したいと不倫された側が思っていても、その妨げになる要因が少なくないことです。再構築の前に横たわっている障害をきちんと認識しなければなりません。そうしなければ、再構築の妨げになるさまざまな要因を乗り越えるのは難しいでしょう。

そこで、この章では、再構築を妨げる要因を、不倫した側と不倫された側に分けて解説したいと思います。

〈再構築を妨げる不倫した側の要因〉

不倫関係を続けたいという願望

まず、夫婦関係を再構築するうえで最大の障害になるのは、不倫関係を続けたいとれいう願望です。とくに、不倫関係が居心地良く、大きな快楽を得られた場合は、それを失いたくないので、この願望が強くなります。

そもそも、夫婦関係と不倫関係を比較すると、日常生活の重荷も責任もないという点で、不倫関係のほうが大きな快楽をもたらすのです。不倫関係では、生活費の工面にも子どもの教育にも嫁姑関係にもわずらわされずに、性関係を楽しむことができます。当然、官能の悦びを味わえるでしょうし、それに背徳の悦びも加わるでしょう。しかも、不倫関係によって一瞬にせよ別の自分にもなれるのです。

また、不倫する人は、危険だが興奮を味わえる不倫関係と、退屈だが安全な夫婦関係の両方を維持したいと思っていることが少なくありません。ですから、そのどちらかをあきらめなければならなくなると、自分自身の身体の一部を切り取られるように感じることさえあります。

そのせいで、不倫関係に執着し、清算するのをためらうことは、再構築の最大の障害になります。たとえば、不倫相手とはきっぱり別れたと配偶者に言っておきながら、ズルズルと関係を続けているような場合です。もし、そのことがばれたら、夫婦関係の再構築は失敗するでしょう。

あるいは、やむを得ない事情で、不倫相手に会う機会がある場合も、配偶者の胸中に不安と不信感をかき立てます。たとえば、不倫相手が同じ職場にいる場合です。こういう場合、どうしても再構築したいのであれば、転職するとか、異動願いを出すとかして、会わないようにするほうがいいと思います。そうすることによって、配偶者の気持ちを落ちつかせたほうが、再構築しやすいからです。

すべてを打ち明けることへのためらい

不倫された側が不倫関係の詳細について知りたがることは少なくありません。どのくらいの頻度で会っていたのか、どんなレストランで食事をしたのか、どこで肉体関係を持ったのか……など、聞きたくないとは思いながらも、同時にやはり知りたいという気持ちもあるのです。

ですから、根掘り葉掘り質問するでしょうが、それに対して不倫した側が答えるのをためらったり、沈黙したままだったりすると、不倫された側の心に疑惑が芽生えます。「何か隠しているのだろうか」「何か言えないことがあるのだろうか」などと、答えられない理由についていろいろ想像し、不安になるのです。

これは再構築の障害になります。だから、不倫がばれた側からすれば、不倫関係についてあれこれ質問されても、答えたくないというのが本音でしょうが、夫婦関係を再構築したいと心から願うのなら、話しにくいことも含めて隠さず正直に話すほうがいいでしょう。

いら立ち

大前提として申し上げておきたいのは、夫婦関係の再構築には時間がかかるということです。ときには長い時間が必要です。ところが、不倫した側が問い詰められたり、責められたりしているうちに、いら立ちを示すようになることがあります。

このいら立ちの最大の原因は、すぐに許してもらえないことへの失望と怒りです。「自分は不倫を認めて謝ったし、不倫相手とも別れて、夫婦関係をやり直したいと言っているのに、なぜ許してもらえないんだ」と不満を抱くわけです。

こうしたいら立ちが募ると、次のような言葉を吐いて爆発することもあります。

「おれはすべてを白状した。それなのに、なぜいつも同じことばかり繰り返すんだ？　おまえもやり直すために少しは努力したらどうだ」

「私は何度も謝ったわ。それなのに、なぜ責め続けるの？　もう十分じゃないの。私をいじめて何が楽しいの！」

「おれは、あの女と別れた。そして、おまえのもとに戻ってきた。おまえの質問にもすべて答えた。それなのに、これ以上何を望んでいるんだ？」

「どれくらいの間、おれを責めて罪の意識を植えつければ気がすむんだ？　そんなことをしても何にもならないだろう。いい加減、別のことに頭を使ったらどうだ！」

こんな言葉を聞くと、不倫された側からすれば、自分勝手な理屈をこねて、できるだけ早く不倫の幕引きをしようとしているようにしか思えないでしょう。そのため、許して水に流すどころではなく、むしろ一層腹が立つのではないでしょうか。

ここで見逃せないのは、不倫した側と不倫された側とでは、不倫発覚後の時間の流れ方が違うということです。

不倫した側は、不倫相手と別れ、夫婦関係を再構築する決断をした以上、できるだけ早く以前の関係に戻ることを願うでしょう。それに対して、不倫された側は、まず不倫のトラウマを乗り越えなければなりません。そのためには、不倫によるショックから立ち直り、怒りと不安を和らげなければならないのです。

不倫された側も再構築を望んでいても、しばらくの間やはり警戒し続けます。なぜかといえば、また不倫されて苦しむのではないかと恐れるからです。そのため猜疑心が強くなって、携帯電話の履歴をいちいちチェックしたり、ポケットやバッグの中を調べたりするわけです。

こういう状態が続くと、不倫した側は、どうしてもイライラします。配偶者が自分を問い詰め、責め立てることにサディスティックな喜びを見いだしているように感じることもあります。そうすると、この先もずっと自分がいじめられ、支配されるのではないかと不安になるのです。

もっとも、不倫された側に、許そうという気持ちがまったくないわけではありません。許したいという気持ちはあるのですが、不倫への怒りと不安をはじめとしてさまざまな感情が出てきて処理しきれず、つい感情的になってしまうのです。ですから、不倫された側が精神的に落ち着き、夫婦が信頼関係を取り戻せるようになるにはそれ相応の時間が必要なのだと、不倫した側は肝に銘じなければなりません。

そのうえで、非難や叱責をじっくり聞く覚悟が不倫した側には必要です。非難や叱責を、不倫した側は自分を侮辱し、おとしめる攻撃と受け止めるかもしれませんが、必ずしもそうではありません。むしろ、裏切られて傷ついた人が発する心の悲鳴であり、苦痛や恐怖、怒りや不安などの表れなのだと認識すべきでしょう。

失望

不倫した側は、責められてばかりいると、失望することがあります。とくに、自分は夫婦関係の再構築に向けてできる限りの努力をしているつもりなのに、「何の努力もしていない」と責められるとか、不倫の事実を何度も突きつけられて罪悪感をかき立てられるとかいう場合です。

当然、嫌気がさすでしょう。ときには、もう取り返しがつかないほど夫婦関係が壊れてしまったのだから、いくら頑張っても無駄だ、第一自分がしんどいだけだと思って、再構築への努力をやめてしまうこともあります。そうなると、良くてほとんど顔を合わせず、口もきかない家庭内別居、悪くすれば離婚へまっしぐらという事態になりかねません。

それでいいのなら話は別ですが、あくまでも夫婦関係の再構築を望む方には、最初は絶望的な状況に見えても、根気良く努力を重ねていくうちにやり直すことができた夫婦は少なくないことを申し上げておきたいと思います。

〈再構築を妨げる不倫された側の要因〉

恐怖

夫婦関係の再構築を妨げる要因は、もちろん不倫された側にもあります。その最大のものが、せっかくやり直すために努力しても、将来また裏切られ、つらい思いをするのではないかという恐怖でしょう。

こういう恐怖を抱くのは、せっかく夫婦関係を修復しても、また不倫が発覚するケースが少なくないからです。たとえば、元衆議院議員の宮崎謙介氏は、2016年2月、妻の金子恵美氏が出産のため入院中に不倫していたことが発覚し、世間から激しい批判を浴び、議員辞職に追い込まれました。

その後は、妻が許してくれたおかげで夫婦関係を再構築できたことを売りにしながら、「夫の不倫を乗り越えた夫婦」として2人一緒にしばしばテレビ番組に出演していました。２０２０年10月には、妻の金子氏が著書『許すチカラ』（集英社）を出版したほどです。

ところが、その翌月、宮崎氏の不倫が再び報じられました。報道によれば、宮崎氏は中国地方で医療従事者として働く30代の女性とホテルで肉体関係を持ったということです。金子氏は、夫婦でバラエティ番組に出演した際、２０１６年の不倫騒動について「宮崎はあれ以来変わった」と語りましたが、浮気癖は少しも治っていなかったのです。

宮崎氏は、第2章で取り上げた不倫を繰り返す人のように見えますが、こうしたケースがメディアで大々的に報じられると、せっかく不倫した配偶者を許して、夫婦関係を再構築しても、また裏切られるのではないかという恐怖に不倫された側はさいなまれるでしょう。

この恐怖のせいで、不倫した配偶者に心を開くことも、信頼を寄せることもできない人が実は多いのです。なかには、決して警戒を解こうとしない人もいますが、それほど不信感が強いのは、また不倫されるのではないかという恐怖がことあるごとに頭をもたげるせいではないでしょうか。

こういう人は、次のように訴えます。

「もし私が夫を信用して、警戒を緩めたら、また不倫するんじゃないかと思うんですね。だから、これからもずっと気をつけて監視し続けないと」

「たしかに、夫は変わったと思います。でも、その変化が本当に心からのものなのか疑問なんですよね。浮気がばれてしばらくはおとなしくしているかもしれないけれど、ほとぼりがさめたらまた浮気の虫がもぞもぞ動きだすんじゃないかと思うと、心配でたまらないんです」

「妻は、子どものこともあるし、やり直したいと言いました。でも、本心から言っているのか疑ってしまうんです。もしかしたら僕の給料が目当てなんじゃないかと勘ぐっちゃうんですよね」

このように猜疑心が強いと、配偶者に約束させるとか、安心が得られるような言葉を求めるとかいうことを繰り返します。これは、配偶者が心から反省して、2度と不倫なんかしないという証《あかし》がほしいからでしょうが、そのせいで再構築のための努力が台無しになることも少なくありません。

配偶者が不倫を繰り返すのではないかという恐怖から猜疑心と警戒心が強くなるのは、よくわかります。これは、自分が傷つかないようにするための自己防衛ともいえますが、嫉妬妄想と紙一重なのです。だから、1度疑い出すときりがなく、場合によっては墓穴を掘ることになりかねません。

たとえば、毎朝反省させて「もう浮気はしない」と約束させたり、毎晩その日の行動や使ったお金をいちいち報告させたり、携帯電話やポケットを丹念にチェックしたりしていると、互いに息が詰まり、いっときも心の安まる間がなくなるでしょう。その結果、夫婦が両方ともくたくたに疲れ果ててしまうかもしれません。

何よりも怖いのは、不倫した配偶者のやり直そうという意欲をそいでしまうことです。そうなれば、決して望んではいなかった結末、つまり決定的な破局への道を突き進むことになりかねません。

怒りと復讐願望

不倫された側が怒るのは当然でしょう。「かわいさ余って憎さが百倍」という言葉があるように、それまでの愛情が強いほど、裏切られたときの怒りは激しくなるのです。

むしろ、不倫されても怒らない人がいたら、そのほうが不思議です。もしかしたら冷え切った夫婦関係で、結婚生活に何の希望も抱いていなかったのではないかと疑いたくなります。

何に対して怒るのかといえば、配偶者が自分を裏切り、嘘をつき、隠し事をしていたこと、不倫関係ではお金を惜しまなかったのに、家庭ではケチだったこと、不倫相手には愛情や思いやりにあふれた言葉をかけていたのに、自分には優しい言葉を一切口にしなかったこと……など、さまざまです。

いずれにせよ、怒りがこみ上げてきて、どうしようもなくなった人は次のような激しい言葉を吐くこともあります。

「悪いのは夫よ。だから、夫は自分の責任を感じるべきだし、それなりの償いをしてほしい。私の心を傷つけ、家族を壊したのだから、それくらいするのは当然でしょ」

「妻は僕を裏切った。だから、心から反省して、変わるべき。変わらなきゃならないのは僕じゃない」

「夫は、自分が何をしたのか考えて謝るべきだし、一生かけて償うべき。私が夫の浮気を知ってどれだけ傷ついたか、わかっているのかしら」

厄介なことに、怒りからは、相手に罰を与えたいという願望、つまり復讐願望が生まれやすいのです。この復讐願望は意識されていることもあれば、意識されていないこともありますが、いずれにせよ夫婦関係の再構築を妨げる要因になります。

しかも、不倫が発覚してからしばらくの間、家庭内では不倫された側が不倫した側よりも優位に立ちやすいのです。そのため、不倫された側がいくら相手を責めても、侮辱しても許されると思い込んで、暴言を吐くことがあります。ときには、親族や友人の前で不倫の事実を暴露して恥をかかせることもあります。

このように不倫した配偶者を徹底的に打ちのめすことも、その顔に泥を塗ることも慎むべきでしょう。なぜかといえば、再構築への希望がついえるだけでなく、憎しみも芽生えるからです。

不倫された側がやり直したいと思うのなら、相手にもう1度だけチャンスを与えましょう。そのためには、はらわたが煮えくり返っていても、怒りの出し方を工夫しなければなりません。不倫されて傷ついたからといって、何をしても許されるわけではないのです。

罰を与えたいという願望

怒りの出し方の1つなのでしょうが、不倫した配偶者に罰を与えるために家を飛び出す人がときどきいます。それまで家族と一緒に住んでいた家で独りぼっちになって、子どもとも会えなくなれば、寂しくてたまらず、反省するのではないかという思惑があるようです。

離婚する覚悟ができているのなら、こういう思い切った行動に出てもかまいません。しかし、それだけの覚悟がないのに、相手に罰を与えたいからというだけで家を飛び出すと、そのツケは自分に回ってきます。

というのも、独りぼっちの状況が、不倫した配偶者にとって好都合な場合もあるからです。これ幸いと不倫相手を家に連れ込んで一緒に暮らすようになることもあれば、遊び回るようになることもあるでしょう。

そんな人とはやり直せないと普通は思うでしょうから、ためらっていた離婚の決断への後押しにはなるかもしれません。しかし、むしろ向こうの思うつぼであり、罰を与えることにはならないのです。

ですから、罰を与えたいというそれだけのために、怒りに任せて家を飛び出すことは、あまりお勧めできません。離婚する覚悟もないのにそういうことをすると、もし離婚という結末を迎えた場合、後悔と孤独感にさいなまれることになるでしょう。

あらわになる負の側面

不倫された側はしばしば打ちのめされ、「すべて台無しになった。もう立ち直れない」とさえ感じます。それまでは愛情と信頼で結ばれていると思っていた配偶者が自分を裏切っていたことを知らされたのですから、幻滅するのは当然でしょう。

前日までは固い絆で結ばれていると信じていた配偶者が自分を裏切っていたことを知ると、これまでやってきたことすべてが無駄だったように感じ、次のような疑問が脳裏をかけめぐります。

「あの人は私を全然愛していなかったのだろうか？」

「最初から私は道を間違えていたのだろうか？」

「1度裏切った人は、また同じことをするのではないか。もう1度信頼することなどできるのだろうか？」

このような疑問は、夫婦関係を再構築したいという願望そのものの妨げになります。さらに、夫婦でいることの意義そのものに疑いのまなざしを向けることさえあります。というのも、不倫によって、それまでは見えなかった、いや、より正確にはあえて見ようとしなかった現実に目を向けるようになるからです。それだけ、目をしっかり見開くようになったともいえるでしょう。

夫婦でいても、それほど幸せではなかった、どちらも無理を重ね、かなり我慢していた、双方が不満を募らせていたが、口にはできなかった……といった負の側面が、不倫の発覚によってあらわになるのです。

いずれも夫婦関係を再構築する妨げになり得ますが、裏返せばそれまでは見えなかった現実に目を向けられるようになるという点では、いい機会ともいえます。負の側面から目をそむけたままでは、真の再構築にはつながりません。不倫の発覚によって見えるようになった負の側面に夫婦で向き合い、再構築か離婚かの判断も含めてじっくり話し合うべきでしょう。

焦り

再構築を妨げる不倫した側の要因として、いら立ちを挙げましたが、不倫された側も同じような心理状態になることがあります。配偶者に裏切られたという現実に直面し、さまざまな感情が押し寄せてくると、それに耐えられず、できるだけ早く抜け出したいと焦るのです。

とくに、片や愛情と尊敬、片や怒りと憎しみという相反する感情を抱えていると、つらくてたまらないので、あたかも不倫などなかったかのようにふるまおうとします。不倫には一切触れず、不倫発覚前の日常に戻ったかのように生活するのです。

不倫という事実を相手に突きつけて問い詰める厄介な作業、つまり〝直面〟を省略して、平穏な日常を取り戻そうとするわけですが、そうやって得られた平安は、当然まやかしであり、砂上の楼閣です。

不倫した配偶者を完全に許すことができれば話は別ですが、それができない以上、どす黒い感情が渦巻いていますし、問題も何一つ解決していません。ですから、いくら平穏そうに見えても、幻影にすぎないのです。

こういう状態で生活し続けていると、また配偶者に裏切られることになるでしょう。やはり、現実と〝直面〟しなければなりません。面倒くさいし、時間もかかりますが、不倫という事実と夫婦2人でじっくり向き合い、腹を割って話し合いを続けるしかないでしょう。

再構築の助けになる要因と妨害する要因

最後に、夫婦関係の再構築の助けになる要因と妨害する要因を挙げておきましょう。

まず、夫婦関係の再構築の助けになるのは次の要因です。

●最初の不倫であること。不倫を何度も繰り返していると、再構築は難しくなります。

●不倫された側が感情をある程度制御することができ、不倫した側を叩きのめすようなふるまいをしないこと。暴力を振るったり、暴言を吐いたり、罰を与えて痛めつけようとしたりすると、再構築の妨げになります。

●不倫した側が、不倫関係について何も隠そうとせず、正直にすべてを告白すること。このような告白によって、裏切られた側は自分が尊重されていると感じられるので、信頼関係を取り戻すうえで重要です。

●不倫した側が心からの反省と後悔を示すこと。口先だけで謝っても、真の意味で再構築するのは無理です。

●不倫した側が、不倫された側の怒りや幻滅、恐怖や不安などを理解し、忍耐強く受け入れようとすること。同時に、不倫された側も、絶え間なく責めたり、罵声を浴びせたり、罪悪感をかき立てたりするのを慎むこと。

●夫婦が2人とも夫婦関係の修復を決意し、互いのために良いと思われる解決策を見いだすべく協力すること。

逆に、次のような場合、夫婦関係の再構築は妨げられることが多く、結果的に離婚に至ることも少なくありません。

●「もう浮気はしない」と約束したにもかかわらず、不倫関係をこっそりと続けている場合。

●夫婦が2人とも同時期に不倫していた場合。

●不倫相手と肉体関係を持っていただけでなく、気持ちの面でも強く結びついていた場合。逆に、不倫相手と単に体だけの関係だった場合は夫婦関係を修復しやすいようです。

●不倫した側が、夫婦関係をどうしても再構築したいという願望をあまり示さず、そのための努力もほとんどしない場合。

第6章　それでも修復したいのなら

再構築のための5つのステップ

最初に申し上げておきますが、夫婦どちらかの不倫が発覚した後、無理に夫婦関係を再構築しようとすることはあまり勧められません。とくに、第5章で挙げたような再構築を妨げる要因がいくつもある場合は、さまざまな選択肢を視野に入れ、慎重に考えなければなりません。

再構築を妨げる要因を無視して、世間体のためとか、子どものためとか、これまで通り裕福な生活を送るためとかいう理由で夫婦関係を無理やり修復しようとすると、そのツケが後で必ず回ってくるでしょう。数年後に深く後悔する羽目になる可能性もあります。

ですから、目の前の現実から目をそらして夫婦関係を表面上だけ修復しようとするのではなく、離婚も選択肢の1つに入れながら、夫婦関係を見直していただきたいと思います。

そのうえで夫婦関係の再構築に向けて2人で力を合わせていくと決めたら、次の5

つのステップを踏むことが必要になるでしょう。

①何が起きたのか理解する
②不倫について話し合う
③「夫婦一緒」を習慣化する
④不倫相手との絶縁
⑤許すことで〝被害者〟から抜け出す

①何が起きたのか理解する

まず、夫婦関係を再構築したいと思い、そのために不倫した配偶者にもう1度チャンスを与えようと決めたら、何よりも大切なのは、何が起きたのか理解することです。いいかえれば、不倫の意味を理解することが重要なのです。

これを明確にしておくことは、不倫した側にとっても、不倫された側にとっても必要です。なぜかというと、なぜ不倫したのか、その主な原因は不倫した側にあったのか、それとも夫婦関係そのものにあったのか、あるいは置かれた環境にあったのかということを明らかにしておかないと、また同じ過ちを繰り返す可能性が高くなるからです。

そんなことはどうでもいい、不倫という過去の忌まわしい出来事を振り返るなんて嫌だし、第一そんな面倒くさいことはしたくないと思う方が多いでしょう。とくに、不倫した側からすれば、過去の過ちをほじくり返されるなんて真っ平ごめんというのが正直な気持ちではないでしょうか。

これは当然かもしれません。自分にとって都合の悪いことや恥ずかしいことはできるだけ早く忘れたいし、2度と思い出したくない、できればなかったことにしたいという方がほとんどのはずです。

しかし、過去の過ちをきちんと検証せず、忘れてしまう人ほど、その報いを受けるものです。場合によっては、「喉元過ぎれば熱さを忘れる」ということわざ通り、しばらく経つと同じ過ちを繰り返し、今度こそ三行半《みくだりはん》を突きつけられるかもしれません。

ですから、第1章の「不倫の理由」を参考にして、なぜ不倫したのかを考えていただきたいと思います。また、不倫を繰り返している場合は、第2章の「不倫を繰り返す心理」を読み返し、不倫を繰り返す背景にあるさまざまな要因に目を向けてください。

②不倫について話し合う

多くの夫婦は、不倫の詳細について話す必要があるのか悩むはずです。そんなことは、古傷に触れるだけで何の役にも立たないから、やめたほうがいいと考える方が少なくないかもしれません。しかし、この点について夫婦で話し合うことは、先ほど述べたように何が起きたのか理解するために必要です。

どこまで話すかは、ケース・バイ・ケースでしょう。不倫された側が、だいたいの事実だけ聞いて満足することもあれば、すべてを知りたいと思うこともあるはずです。どこまで話さなければならないというルールはありませんが、不倫した側は、質問されれば、できるだけ具体的にくわしく答えるべきです。ごまかさず、丁寧に答えるほど、正直で誠実という印象を与え、再構築に向けて努力している真摯な姿勢を示せるのですから。

ただ、性的なことについてあまり赤裸々に話すのはどうかと思います。性的なことについて赤裸々に話しすぎると、不倫された側を傷つける恐れがあるからです。たとえ「どんなふうにセックスしたの？」「何回くらいセックスしたの？」「夫婦ではできなかったようなことも不倫相手とはやったの？」などと根掘り葉掘り聞かれても、赤裸々に答えるのは慎むべきでしょう。

なぜかといえば、まず不倫された側が不安に駆られてそういう質問をしているだけで、必ずしも本心から知りたいと思っているわけではないからです。また、その答えが知らず知らずのうちに不倫された側の記憶に焼きつき、そのイメージが不意に頭に浮かんできて、心が乱れるかもしれないからです。

場合によっては、エロティックなイメージが頭にこびりついて離れなくなるかもしれません。その結果、不倫された側は「不倫相手のほうがセックスの面では優れていた」「自分はセックスでは負けた」などと思い込み、傷つくでしょう。

ですから、不倫した側は、性的な面について赤裸々に話すのは控えたほうがいいと思います。そんなことをすれば、不倫された側を無駄に傷つけ、その自己評価をさらに低下させるだけであり、むしろ再構築に逆効果になりかねません。

性的なこと以外は、聞かれたことにはなるべくきちんと答えるべきです。というのも、不倫した側が隠していた秘密の関係においてどんなことがあったのか、なぜそういう関係になったのかなど、不倫された側は知りたいと思うからです。知らないと、その分想像をふくらませるのが人間という動物なので、不倫した側が丁寧に答えないと、不倫された側の想像はどんどんふくらんでいくでしょう。

自分を裏切った配偶者の不倫について知りたいという欲望がいかに強いかは、心療内科を受診した患者の訴えからもわかります。

たとえば、夫の不倫に気づいてから眠れなくなったという30代の女性は次のように訴えました。

「夫と不倫相手との間に何があったのか、知りたくてたまらないんです。それが頭から離れず、つい想像してしまうんです。不倫相手はどんな人なのか？　一緒にどんなことをしたのか？　夫はいつも彼女のことを考えていたのか？……こういうことを夫に質問せずにはいられないのは、私がマゾのせいだろうかとも思うんですが、それでも知りたいという気持ちを抑えられないのだから、どうしようもありません」

また、夫の不倫の確証をつかんで夫を問いただしたところ、やはり事実だということとがわかって落ち込んだものの、同時に何となく安心した部分もあるという40代の女性は次のように話しました。

「私は、夫にすべてを話してほしかったんです。夫が出張と称して泊まりがけの準備をして出かけていたのは、実は不倫相手と一緒の旅行だったと告白したとき、私の疑いが決して嫉妬妄想ではなかったことがわかりました。私の勘は正しかったわけで、決して頭がおかしかったわけではないんです。

以前、夫の浮気を疑って問い詰めようとしたときに『おれが浮気なんかするわけないじゃないか。おまえ、頭がおかしいんじゃないか』と言われたことがあったのですが、今回は夫も浮気を認めて謝ってくれました。

それと、私の質問にちゃんと答え、不倫相手の写真も見せてくれました。私は若い美人を想像していたのですが、ごく普通の〝おばちゃん〟で、さえない感じだったので、驚きました。ただ、それで安心したというのが正直な気持ちです」

この女性は、夫の不倫相手がそれほど若くもなく、美人でもないということで安心したようですが、逆に若くもない〝おばちゃん〟に夫を寝取られ、自分がこんなさえない人に負けたのかと余計に悔しくなる女性もいるようです。

不倫相手がどんな人なのか知って、どう感じるか、どんな反応をするかは人それぞれであり、予想するのは難しいでしょう。だからといって、どんな人なのかを不倫した側が話さなかったり、嘘をついたりすると、不倫された側の不信感は募るばかりです。やはり大切なのは、不倫した側が、質問に対してなるべく誠実に隠さず答えることです。

再構築のために不倫された側がするべき質問

なかには、裏切られたショックが大きすぎて、不倫関係についていろいろ聞きたいと思っても、どう言えばいいのかわからない方もいるでしょう。ショックが大きすぎると、思考停止に陥りやすく、心の中でもやもやしているものを言語化するのが難しいことも少なくありません。

そこで、夫婦関係を再構築するうえで不倫された側がするべき質問をいくつか挙げておきましょう。

●なぜ私を裏切ったのか？

●私を裏切ってもいいと思う理由が何かあったのか？

●不倫は、夫婦関係を終わりにするためのものだったのか？　私があなたにやったこと、それとも逆にやらなかったことに対する復讐だったのか？

●不倫したのは、夫婦関係に失望したからか？　だとすれば、何に失望したのか？私に責任のあることなのか？

●不倫は何かを埋め合わせるためのものだったのか？　たとえば、性的な欲求不満とか、自分が認めてもらえないことへの不満とか。

●不倫に何を求めたのか？　そして、それは不倫によって満たされたのか？

●夫婦関係では得られなかったものを不倫関係では得ることができたのか？　だとすれば、それは何なのか？

●不倫することで私を傷つけるという自覚があったのか？　私のことを少しは考えたのか、それとも考えなかったのか？

厳しい質問ばかりのように思われ、不倫された側としては聞きにくいかもしれません。また、不倫した側としても、なかなか答えられないかもしれません。しかし、夫婦が再出発するためには、こうした点について問題意識を持っておくことが必要なのです。ですから、必ずしも納得のいく答えは返ってこないかもしれないけれど、一応聞いておくほうがいいと思います。

また、夫婦関係を2人で振り返り、どのあたりに問題があったのかに目を向けることも必要です。その際のポイントをいくつか挙げておきましょう。

●節目の出来事を夫婦としてうまく切り抜けられなかったのではないか？　相手の話を十分に聞かなかったり、話し合いが足りなかったりしたのではないか？　たとえば、家族の誰かが病気になったり亡くなったりしたとき、流産や人工中絶、あるいは不妊治療のとき、失業したり収入が大幅に減ったりしたとき。

●子どもの誕生をどんなふうに受け止めたのか？　恋人同士からお父さんとお母さんに移行したことが影響しているのではないか？　年配の夫婦であれば、子どもが巣立ったことが夫婦関係に影響を与えたのではないか？

●生活環境の変化をどんなふうに受け止めたのか？　それによって夢をあきらめたと

か、新たに何かをやりたくなったとかいうことはなかったのか？　それを受け入れることが互いにできていただろうか？

こうした質問を皮切りに2人でじっくり話し合うことが、再構築のためには必要です。不倫について話し合うことも、これまでの夫婦関係を振り返ることもせずに夫婦関係を修復することなどできません。たとえ表面的には修復できたように見えても、それはまやかしであり、いつ爆発するかわからない爆弾を抱えているようなものです。

③「夫婦一緒」を習慣化する

夫婦にとって日常生活が重荷に感じられることは少なくありません。それをつまらないとか退屈だとか感じることが不倫の一因になる場合もあるでしょう。

しかし、日常生活で決まりきった習慣や行事を繰り返しているうちに、夫婦関係の再構築への道が開けることもあるのです。これは、何であれ一緒にやることによってある種の連帯感が生まれ、夫婦の絆が強まるからではないでしょうか。

不倫が発覚した後は、互いに居心地が悪いでしょうし、雰囲気も重苦しいかもしれません。そういう状況で夫婦が一緒に過ごすのは耐えがたいこともあるでしょうが、これまで通りの習慣や子どもに関連した行事などで時間を共有することが、壊れそうな夫婦の枠組みをつなぎ止めるガードレールになりうるのです。

たとえば、私の外来を受診した40代の男性は、勤務先の会社の20代の女性との不倫が妻にばれて罵倒され、しかも妻が不倫相手の女性に何度も電話したせいで、その女性が上司に相談して不倫の噂が会社中に広まり、自分自身も望まぬ部署に異動させられて眠れなくなったと訴えました。軽い睡眠導入剤を処方したところ、この男性の不眠は改善し、約半年後に次のように話しました。

「最初は、家でも会社でも針のむしろでした。家では妻に責められ通しだったし、会社でも妻の電話のせいで不倫が上司にばれてしまったのですから。そういう状態のときに救いになったのは、日曜日の夕方、子どもと一緒にテレビアニメを見ることでした。妻が作った夕食を食べながら。

これは以前から変わらない習慣ですが、不倫がばれる前は自分を縛りつけ、息苦しくさせている元凶のように感じ、吐き気がするほどでした。そういうものから逃げ出したくて、若い女の子と浮気したのかもしれません。

ですが、不倫がばれてから、子どもと一緒にアニメを見る時間がどれほど大切か身にしみてわかりました。子どもが楽しみにしているアニメが放送されている間は、子どもに不快な思いをさせたくないからか、妻も仏頂面をやめて少しは笑ってくれるようになったのです。この時間を一緒に過ごしているうちに妻が徐々に落ち着いてきて、少しずつですが妻と話し合えるようになりました。それで、やっとやり直せるかなと思えるようになったのです」

この男性の場合は、不倫発覚前の習慣を続けることが再構築のきっかけになったのですが、ある習慣が心の重荷やストレスの原因になっている場合は、少しだけ変えることが必要になるかもしれません。

たとえば、30代の女性は、夫の不倫に気づいてからイライラして子どもに当たるようになったと訴えて私の外来を受診したのですが、少量の抗不安剤の服用によって、かなり落ち着きました。その後3カ月ほど経って、次のように話しました。

「夫は、浮気がばれてから相手の女性とは別れたらしく、私の目にもかなり努力しているように映りました。だから、夫が不満を感じていた点についても話し合うことができたのです。

そのなかで浮かび上がってきたのが、日曜日のお昼に私の両親を自宅に招いて一緒に食事する習慣でした。毎週というわけではなかったのですが、その昼食の席で夫は自分だけ疎外されているように感じて、耐えられなかったと言いました。

実家の父は、もう定年退職していますが、現役の頃は大企業の部長を務めていたので、『おれが若い頃は……』と自慢して威張るようなところがあるのです。そのため、もうすぐ40歳なのにまだ平社員の夫としては肩身が狭かったのかもしれません。

父の性格はよくわかっていますし、定年後も母を部下のように扱って家事のやり方にも文句ばかり言い、『家庭内管理職』のようになっていることも知っています。ですから、母の負担を少しでも減らせればと思い、日曜日のお昼に両親を自宅に招いて一緒に食事するようにしていたのですが、それが夫にとって苦痛だったことは知りませんでした。

もちろん、そのことだけが夫の浮気の原因だとは思いません。その他にもいろいろな原因があったのでしょうが、かなり努力している夫を見て、浮気の原因を1つでも減らせればと考えたのです。

そこで、実家の両親に『日曜日のお昼にちゃんとしたごちそうを作るのはしんどいので、外食にしてほしい』と伝えました。なぜかといえば、外食だと、一緒に過ごす時間が短くなるからです。

自宅に両親を招いたら、夕方頃までいるので、私と母が昼食の片づけをしたり子どもの世話をしたりしている間、どうしても夫が父の相手をすることになります。その間、父の自慢話を聞かされたり、発破《はっぱ》をかけられたりするのが夫は嫌だったようです。

それに対して、外食だと、一緒にいるのはせいぜい1、2時間ですし、夫と父だけで過ごす時間はなくなります。また、父が自慢話を始めたら、私が『お父さん、その話もう何度も聞いたよ』と止めることもできますから。

母の気持ちを考えると、日曜日のお昼に両親と一緒に食事する習慣をやめることはできませんでした。だから、一緒にいる時間を短くすることと私が父の暴走を止めることで、夫の精神的負担を軽くしようと思ったのです」

このように、それまでの習慣をただ続けるだけでなく、どちらかの負担になっていると気づいたら見直して変えることも、ときには必要です。こうして譲歩する姿勢を示すことで、本気で再構築したいと思っている気持ちを伝えられます。

不倫された側が譲歩することに対しては、「そんな甘い態度だから、なめられて浮気されるんだ」という意見もあるかもしれません。しかし、不倫した側が相応の努力をしているのであれば、不満の原因を1つでも取り除くために譲歩することも、ときには必要だと思います。

大切なのは、夫婦で一緒に何かをする習慣を続けていくことです。不倫発覚前から変えないにせよ、ある程度変えるにせよ、いくつかの習慣を続けていけば、その積み重ねによって日常を取り戻すことができ、それが再構築につながるでしょう。

もちろん、そのためには時間も忍耐も必要になります。知り合いの40代の夫婦は、妻の不倫が発覚した後、やり直すと決めて一緒に何かしようとしたものの、何をしてもうまくいかず、幾度も投げ出しかけたそうです。

しかし、不倫発覚前から日曜日の夕方に近くの公園を散歩することを続けていたようで、ある日散歩の途中で些細なきっかけから口論になり、どれだけ我慢していたかを互いに言い合ったということです。その日から、それぞれが我慢していた日常のちょっとしたことについて話し合えるようになり、互いに譲歩できるところは譲歩するようにしたところ、夫婦関係を修復することができました。4年経った現在、夫婦で仲良く暮らしています。

こういうケースもありますので、再構築に向けて努力する途中でうまくいかないことがあっても、投げ出さず、2人で一緒に過ごす習慣を続けていくことが大切だと思います。

④不倫相手との絶縁

不倫によって信頼関係に大きなヒビが入ります。これは避けがたいことでしょう。だから、信頼を回復することは、夫婦関係を再構築するうえで最重要課題といえます。

当然、この課題は主として不倫した側に課せられます。しかし、それに手を貸すか、それともブレーキをかけるかは、不倫された側の対応にかかってくるのです。

信頼を回復することは、夫婦の心の中に安心感を取り戻すことにほかなりません。夫婦が互いに安心と感じられる関係でなければ、信頼を回復することはできないのです。そのためには、何カ月も、場合によっては何年もかかります。夫婦関係を修復したいと思っている気持ちを言葉で伝えながら、具体的な態度や行動で示していくしかないでしょう。

不倫された側を安心させるための第一歩は、もちろん不倫した側が不倫相手との関係をきっぱり断ち切ることです。それができなくて、「別れた」と口では言いながら、こっそりと会ったり、電話やメールで連絡を取り続けたりしていたら、たとえ肉体関係がなくても、不倫された側は不安になるでしょう。もちろん、信頼の回復などできません。

なかには、別れを告げるに当たっても、不倫相手に過度に配慮しているように見える人がいます。優しすぎるのかもしれませんが、それが信頼の回復に逆効果であることはいうまでもありません。たとえば、夫の不倫が発覚してから、不安でたまらなくなり、ときどき過呼吸発作を起こすようになったと訴えて私の外来を受診した20代の女性は次のように話しました。

「夫が、別れたはずの不倫相手とＺｏｏｍで会話していたのです。夫はこの女とは別れる決心をしたのに、できるだけ波風を立てたくないから、彼女をなるべく傷つけない別れ方がしたいと言いました。そのため、何度も言い合いになり、喧嘩したのですが、結局私が折れて、1度だけリモートで会話することを許したのです。

それでも、夫が彼女とZoomで話しているのを見て、また不安になりました。何よりも腹が立つのは、夫が不倫相手をなるべく傷つけないようにと配慮していることです。結婚してから、夫が私を傷つけないように気を配ってくれたことはほとんどないように思います。それなのに、不倫相手には随分気を遣うし、優しいんだなと思うと、不安でたまらなくなり、また過呼吸の発作が起きたのです」

この女性の夫のように、不倫相手のことを別れた後も気にかけ、しかもそれを配偶者の前で見せるのは、信頼を取り戻すうえでマイナスでしょう。きっぱりと縁を切り、その後もよりを戻すつもりがないのなら、たとえ不倫相手のことが気になったとしても、それを少なくとも配偶者の前では見せないように気をつけるべきです。

第一、不倫相手を傷つけないようにという配慮が逆に働くこともあります。不倫相手がよりを戻すことを熱望している場合、ちょっとしたサインにしがみつこうとするでしょう。そこに、不倫した配偶者が細やかな気遣いや配慮を示せば、不倫相手はまだ脈があるかもしれないと思い、諦めきれなくて再度アプローチしてくるかもしれません。その結果、焼けぼっくいに火がつくようなことになりかねず、信頼を回復するどころか、逆に破壊することになります。

　ですから、夫婦関係を再構築したいのであれば、不倫相手に疑う余地のないほど明白な別れの言葉をきっぱりと告げるべきでしょう。別れる際に相手を傷つけるのは避けがたいことで、不倫関係でなくても多かれ少なかれあります。ましてや不倫関係で相手を傷つけずに別れるのは至難の業です。それができると思うのは、ある種の思い上がりのように見えます。

　不倫相手を傷つけたくないという配慮から、きっぱりと別れられず、結果的にズルズルと不倫関係を続けることは、互いの人生にとってマイナスです。不倫相手は、別れを告げられてそのときは傷つくかもしれませんが、諦めがついて再出発しやすくなることもあります。不倫関係をズルズルとひきずるよりも、長い目で見ると幸せになれるケースが少なくありません。ですから、不倫相手ときっぱり別れ、その後はできるだけ距離を置くことが望ましいと思います。

　もっとも、不倫相手と距離を置くのが難しい場合もあるでしょう。隣人だったり同僚だったりすると、すれ違うこともあるでしょうし、目が合うこともあるでしょう。そういう場合、どうすればいいのでしょうか。あえて目を伏せ、硬い表情で通り過ぎるしかないのかもしれませんが、周囲からはかえっていぶかしがられるかもしれません。

さらに厄介なのは、不倫相手が距離を置く必要性をなかなか理解してくれない場合です。たとえば、30代の男性は、高校の同級生と結婚し、子どもにも恵まれたものの、同じく高校の同級生で妻の友人でもあった女性と不倫関係になり、それが妻にばれて修羅場になったため、不倫相手とは別れる決心をしました。しかし、別れ話がうまくいかず、眠れなくなったと訴えて私の外来を受診したのです。

「浮気相手の同級生が、僕の立場を理解してくれなくて、困っているのです。彼女は『私たちは高校のときから友達だった。だから、また友達に戻ればいいだけでしょ』とLINEで何度も言ってくるのですが、そんなことができるわけありません。

浮気がばれてから、妻はカンカンで、彼女に絶交だとLINEで言い渡しました。それなのに、たとえ友達としてであっても僕が彼女と会っているのが妻にわかったら、即離婚です。どうすればいいのかわからなくて困り果てています」

この男性の話を聞いて、自業自得という感じがしないでもありませんでしたが、軽い睡眠導入剤を処方し、次のように助言しました。

「奥さんと本当にやり直したいのであれば、不倫相手の女性とはきちんと別れるしかありません。きっぱりと別れを告げ、妻子がありながら男女の関係になったことを謝ったうえで、今後は友達としても会えないことを伝えるべきです。

場合によっては、ＬＩＮＥや携帯電話での連絡に一切答えないような強硬手段も必要かもしれません。不倫相手と別れた後も、友達として会うような中途半端なことを続けていると、結果的に奥さんも不倫相手も傷つけかねませんよ」

こういう強硬手段に対して、不倫相手が怒って、「すべてばらしてやる」「自殺してやる」などという言葉を吐くかもしれません。実際にそういうことがあると大変ですが、脅しにすぎない場合が圧倒的に多いのです。ですから、夫婦間の信頼を回復したいのであれば、そういう言葉に惑わされず、きちんと別れを告げ、その後はできるだけ接触しないようにすべきでしょう。

⑤許すことで〝被害者〟から抜け出す

夫婦関係の再構築のためには、不倫された側が不倫した側を許そうとすることが不可欠です。ところが、実際には、それを困難にするような状況があります。

一番多いのは、不倫した側が別れたと言っていながら、不倫関係をズルズルと続けているのではないかと疑われるような場合です。同様に、不倫相手に対してまだ未練が残っており、ずっと気にかけているような場合も、不倫された側としては許しがたいでしょう。いずれの場合も、不倫された側は不安にさいなまれ、また裏切られるのではないかと常にびくびくしていなければならないのですから。

あるいは、不倫した側が、不倫された側の失望や怒りを軽視し、見くびっている場合も問題です。そういう場合、不倫した側は、裏切られた人間がどれほど傷ついたかを想像しようとさえせず、思いやりも示しません。これは、不倫された側からすれば許せないはずです。

これらは、いずれも不倫した側に原因があって、不倫された側が許そうという気持ちになれない場合ですが、逆に不倫された側の要因で許そうとすることができない場合もあります。

一言でいえば、〝被害者〟の立場にいることが心地いい場合です。不倫した側を許すことは、不倫された側からすれば〝被害者〟の立場を捨てることにつながりますが、その立場をなかなか捨てきれないわけです。

なぜかといえば、不倫された〝被害者〟でいる限り、不倫した側をずっと責め続けられるからです。そうすれば、不倫した側の心に罪悪感を植えつけることも、その自尊心を傷つけることもできます。結果的に、夫婦関係において自分のほうが優位に立てるし、支配的な立場でいることもできるわけですから、それを心地いいと感じれば、なかなか許そうとはしないでしょう。

もっと怖いのは、不倫された側が激しい怒りを覚え、復讐願望を満たすために、不倫した側を許そうとはしない場合です。いわば、決して許そうとしないことによって、仕返しするわけです。

不倫された側が〝被害者〟でいるのが心地いい場合も、復讐願望を満たしたい場合も、許そうとすることができない原因を本人が自覚していることはまれです。裏返せば、無意識のうちに〝被害者〟でいようとし、仕返ししようとしているからこそ、なかなか許せないわけです。

このように、許そうとすることができない状況はいろいろあるのですが、何が許すことの障害になっているのかを自覚して、それを1つ1つ取り除いていくことが再構築のためには必要です。

もちろん、不倫した側は、不倫相手ときっぱり別れ、不倫された側の傷ついた心を思いやることが必要です。

一方、不倫された側としては、なかなか許せない場合もあるでしょう。いや、むしろ、そういう場合のほうが多いかもしれません。そんなとき、どうすればいいのでしょうか。

何よりも大切なのは、許せない自分の心の中に潜んでいる〝被害者〟でいたい気持ち、さらには怒りや復讐願望ときちんと向き合うことです。そういう気持ちが自身の心の中にあることで、自分を責める必要はありません。誰の心の中にも、多かれ少なかれ潜んでいるのですから。

そのうえで、許せない自分を許しましょう。そして、いつか許せるようになると信じながら、再構築に向けて一歩一歩進んでいくしかないのです。

終章　不倫にはそれなりの覚悟が必要

不倫によって失うもの

不倫が発覚すると多くのものを失うことは、過去のケースを振り返れば明らかです。とくに芸能人やアスリート、政治家などの有名人は失うものが半端ではありません。

たとえば、第1章で取り上げた渡部さんは、2020年6月に不倫が報じられてから活動自粛していましたが、約半年後の12月に謝罪会見を行いました。この会見の冒頭で「本当に申し訳ありませんでした」と、10秒以上頭を下げた後、両脇をリポーターに囲まれ、矢継ぎ早に質問を浴びせられました。

残念ながら、リポーターからの「なぜ、多目的トイレだったのか?」「不倫相手は何人いたのか?」という厳しい質問に対して、あいまいな答えしかできませんでした。しかも、しどろもどろで「えーと」「本当に」「そうですよね」といった言葉を繰り返し、目がきょろきょろして泳いでいるように見えました。

罵声、失笑、怒声を浴びながら、渡部さんは「本当に最低の行動だった」「精神科でカウンセリングを受けた」「これからの生き方で信頼を回復していきたい」などと約100分にわたって終始釈明に追われたのです。

当然、好印象を与えることはできず、渡部さんは激しいバッシングを浴びました。謝罪会見を行ったのは、できればテレビ番組に復帰したいという願望があったからかもしれませんが、視聴者の厳しい反応を見る限り、むしろ逆効果だったという印象を受けます。

一部報道によれば、すでに11月の時点で大みそかの年末特番の収録に参加していたということですが、その番組に渡部さんは登場しませんでした。収録参加の報道が事実なら、謝罪会見への猛バッシングのせいでお蔵入りになったのかもしれません。

この番組を放送したテレビ局は、渡部さんが同番組の収録に参加したかどうかについては明らかにしておらず、「放送につきましては、弊社が最終的に判断いたしました」と返答しています。だから、どこまで事実なのか確認のしようがありません。

ただ、多目的トイレでの不倫に対する世間の嫌悪感と拒否感が相当強いのは事実です。そのせいか、すでに渡部さんの降板が発表された番組もあり、テレビ復帰までには茨の道が待っているように見えます。

渡部さんに限らず、不倫発覚によって活動自粛に追い込まれた芸能人は少なくありません。アスリートであれば当分の間試合に出られなくなることもあるでしょうし、政治家であれば辞職せざるを得なくなることもあるでしょう。不倫が発覚すると、いかに多くのものを失うか一目瞭然です。

「快感原則」と「現実原則」

渡部さんは、スキャンダルが報じられて半年も経ってから謝罪会見を行ったことでも、激しい批判を浴びました。その理由をリポーターから尋ねられて、渡部さんは「まず家族と向き合う時間が必要だった」「文春からインタビューのオファーがあり、すべて答えて謝罪することで収束するのでは、と。今思えば大変甘い判断だった」などと答えました。

この答えは、まんざら嘘でもないでしょう。ただ、ここまで謝罪会見が遅くなった理由を精神分析的視点から分析すると、「快感原則」が「現実原則」よりも優位に立っているからだといえます。

「快感原則」も「現実原則」も誰にでもあり、この2つを天秤にかけながらわれわれは身過ぎ世過ぎをしています。まず、「快感原則」は、不快なものを避け、快適なものを求める傾向です。これは人間に備わった本質的で原始的な行動原理であり、フロイトは「快感原則」と呼びました。

たとえば、幼児は徹頭徹尾この原則に従って行動します。嫌なことはしたくない、楽しいことだけをしたいという願望を貫こうとし、それが叶わないと、泣き叫んで駄々をこねるのです。

しかし、成長するにつれて、ただ「快感原則」に従って行動するだけでは「痛い目に合う」ことを学んでいきます。たとえば、宿題をするのが嫌だからといって、さぼってばかりいたら、親にも教師にも叱られます。友人同士の関係においても、自分のやりたいことばかりを主張していると仲間外れにされてしまうでしょう。

そういうことを経験して、人は「嫌なことでも必要があればしなければいけない」とか「自分の欲望や衝動を、ある場合には我慢しなければならない」とかいうことを学んでいくわけです。これが「現実原則」です。そして、成長するにつれ、行動原理が「快感原則」から「現実原則」へと徐々に移行するのです。

ここで見逃せないのは、「現実原則」も、長い目で見ればなるべく不快を少なくして、できるだけ快を多く得られるようにする行動原理だということです。先ほど挙げた勉強の例でいえば、「今は面倒くさくても、ここで宿題を終わらせておけば、親にも先生にも怒られないし、あとで自分の好きなゲームができる。だから、さっさと宿題を終わらせてしまおう」と考えるのが「現実原則」です。

つまり、嫌なことや面倒くさいことでも、それをしなければ一層厄介な羽目に陥るので、そういう事態を防ぐためにはできるだけ早くやらなければならないと考えるのが、「現実原則」で行動する大人なのです。

渡部さんも、「現実原則」にもとづき、しっかり状況判断できていれば、もっと早く会見を開くことができたはずです。そうすれば、一時的には嫌な思いをしても、これほどまでのバッシングにさらされることはなかったでしょう。渡部さんは、とにかく自分が傷つくことを避けようとするあまり目先の楽な道を選んだばかりに、かえって事態を深刻化させてしまったのではないでしょうか。

「快感原則」によって破滅へと導かれることも

徐々に「現実原則」が「快感原則」に取って代わることが、社会でちゃんと生きていけるようになるには必要です。ところが、なかには大人になっても相変わらず「快感原則」に支配されている人がいます。たとえば、2020年10月に道路交通法違反（ひき逃げ）などの容疑で警視庁に逮捕された俳優の伊藤健太郎さんもその1人でしょう。

伊藤さんは若手有望株でしたが、この逮捕によって出演番組の降板や休止が決まり、あるドラマでは、収録済みだった伊藤さんの出演シーンの撮り直しも行われました。「CMなども含め、すべての違約金を合わせると億単位になる」という話もあり、失ったものは相当大きいようです。

問題は、1度事故現場から逃走した疑いがあることです。伊藤さんは、愛車を運転中に交差点で男女2人乗りの250ccオートバイとの衝突事故を起こし、2人に重軽傷を負わせたにもかかわらず、現場から走り去ってしまったようです。後続のタクシーがクラクションを鳴らしながら伊藤さんの車を追いかけ、現場に戻るよう諭したところ、数分後に戻ってきたのです。

伊藤さんが事故現場にとどまり適切に対応していれば、逮捕までされることはなかったかもしれません。なぜ伊藤さんは逃げてしまったのでしょうか？　その一因として、「快感原則」から「現実原則」への移行がうまくできないまま大人になってしまったことが大きいように見えます。

交通事故を起こしたとき、伊藤さんにはまず事故でけがをした被害者を助ける義務が生じたはずです。また、警察や救急車を呼んで、警察からの事情聴取も受けなくてはいけなかったでしょう。しかし、短期的に見ればいずれも非常に面倒くさい、不快なことにほかなりません。

さらに、伊藤さんは芸能人なので、事故を起こしたことが報道されれば、今後の仕事にも影響が出るのではないか、世間からもバッシングを受けるのではないかと思った可能性もあります。こういう不快なことが事故を起こした直後、頭の中に一瞬浮かび、伊藤さんは「快感原則」の命じるまま、自分にとって不快なことを避けたい一心で、その場から逃げてしまったのではないでしょうか。

もし彼が「現実原則」に従って行動できる大人だったら、「いや、でも待て。もしここで逃げたら、もっと大変なことになってしまう」と冷静に判断することができたでしょう。一般に「現実原則」に移行した大人であれば、その時々の状況を冷静に判断し、どう行動すれば長い目で見て自分が感じる不快を一番少なくできるかを考えようとするからです。こうした「現実原則」に則《のっと》って対応することが伊藤さんにはできなかった、ある意味では未熟だったからこそ、逮捕という「もっと大変な」事態を招いてしまったわけです。

事故当時、伊藤さんは23歳で、「現実原則」に移行していても不思議ではない年齢でした。しかし、彼は14歳の頃にモデルデビューし、若くして人気俳優の仲間入りをしたということです。だから、「快感原則」だけだと「痛い目に合う」ことを学習する機会がないまま、年だけ重ね、「現実原則」に移行していなかったのかもしれません。

残念ながら、「快感原則」でしか行動できない人は、大きな代償を支払う羽目になりやすいのです。私は仕事柄、警察沙汰になるような事件や事故を起こした人の精神鑑定を行うことが多いのですが、彼らはだいたい「快感原則」で行動しています。いいなと思う異性がいたら衝動的にレイプするとか、ほしいものがあったら見境なく奪うとか、カッとなったらすぐ暴力を振るうとか、「快感原則」の赴くままになされる行動は警察沙汰になりかねません。そこまでいかなくても、少なくとも社会的制裁を受ける可能性が高いのです。

つまり、「快感原則」だけで行動すると、そのツケが回ってくることが多く、場合によっては破滅することもあります。だからでしょうか、フロイトは、「性欲動（エロス）」と対立させて「死の欲動（タナトス）」の概念を導入した有名な論文「快感原則の彼岸」の最後のところで「快感原則は実際には、死の欲動に奉仕するものと思われる」と述べています。

「死の欲動」とは破壊衝動にほかなりません。ですから、「快感原則」に支配されたままだと、それまで築いてきたものをすべてぶち壊し、破滅へと導かれることもありうるということです。この言葉が内包する深い意味をかみしめるべきでしょう。

配偶者の不倫を知って自殺

もちろん、不倫は犯罪ではありません。しかし、不倫がきっかけになって刃傷沙汰、さらには殺人事件にまで発展することもあります。この手の事件が報道されるたびに、性欲を満たしたいとか、不倫相手と一緒にいたいとかいう欲望を優先して「快感原則」で行動すると、結局「死の欲動」に奉仕することになるのだと痛感します。

もっと怖いのは、配偶者の不倫を知って自殺した人もいることです。たとえば、元SPEEDの上原多香子さんは2012年に結婚しましたが、わずか2年後の2014年に夫が35歳の若さで自ら命を絶ちました。その後、2017年に夫が自殺に至ったのは上原さんの不倫が原因だったと「女性セブン」で報じられたのです。「女性セブン」の記事では、自殺した夫が妻の上原さんに宛てて書いた遺書の内容が紹介されました。驚くべきことに、その遺書には上原さんの不倫をにおわせる内容が書かれていたのです。

それでは、夫が妻の不倫に気づいていたことが遺族にわかったのはなぜでしょうか？　夫の死後、そのスマホが上原さんから夫の母親に手渡されたのですが、それに上原さんとある男性とのＬＩＮＥのやりとりや2人の写真などが保存されていたのです。上原さんのスマホを見てしまった夫が、その画面を撮影したようです。

この男性は俳優で、夫が自殺する直前に約3カ月にわたって全国で公演が行われた舞台で上原さんと共演していました。しかも、夫は遺書でもこの俳優の名前を挙げており、「きっと○○とならのりこえられると思います」（○○はこの俳優の名前）と書いていたのです。

上原さんの夫が自殺した際に、遺書の中で妻の不倫に言及したのは、絶望感だけでなく復讐心によっても自殺に駆り立てられたからではないでしょうか。実は、自殺者の胸中に復讐願望が潜んでいることは少なくありません。

たとえば、いじめを苦にして自殺した生徒が、自分をいじめた相手の名前を遺書に書き残すのは、自分の死後いじめに関する調査が行われ、いじめっ子に何らかの罰が加えられることを期待する気持ちがどこかにあるからでしょう。

そもそも、自殺するのは、多くの場合他の誰かに対する怒りや攻撃性が反転して自分自身に向けられるからです。ある人物に対して殺したいほど怒っており、復讐したいとも思っているけれど、そのための有効な手段が見つからないので絶望し、自殺することによって復讐しようとするともいえるでしょう。

ただ、自殺によって復讐できるかどうかは、相手がどれだけ罪悪感を覚えるか、その後どんな人生を送るかによって決まります。もう30年以上も前の話ですが、知り合いの女性精神科医が自宅マンションで首を吊って自殺しました。彼女の夫も精神科医だったのですが、勤務先の同僚だった女性医師と不倫関係にあったようで、それを知って絶望したらしいのです。

そのため、この女性精神科医の両親が怒り心頭で、遺骨を婚家と実家のどちらの墓に埋めるかで、かなりもめたそうです。もっとも、彼女の夫は、三回忌を待たずに不倫相手と再婚しました。その後一緒にクリニックを開業し、かなり繁盛していると聞きます。

彼女の生前は夫だった精神科医に学会で久しぶりに会ったとき、「うちのクリニックは本当に儲かっている」と自慢そうに話すのを聞いて、罪悪感が希薄な印象を受けました。自殺した女性精神科医の両親は、かつての娘婿の再婚とクリニックの成功を一体どんな気持ちで眺めているのだろうと思わずにはいられませんでした。

もちろん、いつまで十字架を背負わなければならないのかについて明確な決まりがあるわけではありませんし、一生背負わなければならないわけでもありません。ただ、自殺者の遺族からすれば、自殺の原因を作ったように見える人物が罪悪感から解放されて幸せになっていくのを見るのは耐えがたいでしょう。上原さんの夫の遺族が遺書公開に踏み切った背景にも、そういう心理が潜んでいたのではないでしょうか。

この遺書公開は上原さんの芸能活動に深刻な影響を及ぼしたように見えます。それ以降、上原さんは表舞台からほとんど姿を消しました。私生活では、当時の不倫相手とは別れ、演出家と再婚し、2018年には第一子を出産しています。

一見幸せをつかんだように見えますが、上原さんの再婚相手がツイッターに《うちの嫁の前の旦那さんは、ツライことがあって生きるよりも死ぬことを選んだ。それ以上でもそれ以下でもないです。ぷー》と投稿し、大炎上しました。そのせいでしょうか、2019年には劇団を追われています。

それ以外にも、一家で築30年の下町のアパートに引っ越したとか、上原さんが園芸家に弟子入りして長崎県で修業するとかいう報道もありました。SPEEDとして一世を風靡した上原さんとしては少し寂しい感じがしないでもありません。

自殺した夫の遺書には、「子供が出来ない体でごめんね」という言葉も遺されていたそうですから、上原さんとしてはどうしても子供がほしかったのかもしれません。そのために夫以外の男性と男女の関係になったのだとしても、結果的に夫が自ら死を選び、その後自分自身も芸能界とは無縁の世界に飛び込む羽目になったことを彼女はどう受け止めているのでしょうか。

もちろん、上原さん本人が幸せであれば、外野がとやかく言うことではないと思いますが、これまでの上原さんの軌跡を振り返ると、「快感原則は実際には、死の欲動に奉仕するもの」というフロイトの言葉はやはり的を射ているように思えてなりません。

昔からあった不義密通

もっとも、「現実原則」だけで行動しようとすると息が詰まりますし、「計算高い人」と周囲から見られる恐れもあります。何よりも、自分の欲望を抑圧しすぎると、心身に不調をきたしかねません。そのため、どこかで「快感原則」に従ってしまうのが人間という動物なのです。

第一、昔から日本文学では不倫がしばしば取り上げられてきました。その最高傑作が『源氏物語』でしょう。主人公の光源氏は亡き母とそっくりの継母を慕い続け、父である帝から寝取ってしまいます。その後も、超モテ男の源氏はアバンチュールを重ね、そのたびに〝コキュ〟が生まれます。〝コキュ〟とは「寝取られ男」を意味するフランス語です。

もっとも、継母を寝取ってから20年あまり後、源氏は継母の姪を正室として迎えたものの、その妻を若い男に寝取られ、自分自身も〝コキュ〟になってしまいます。まさに因果応報といえるでしょう。

『源氏物語』以降も〝コキュ〟は和歌、演劇、浮世絵などで取り上げられてきましたが、実際に少なからず存在したようです。たとえば、江戸幕府の定めた「御定書百箇条《おさだめがき》」には「密通いたし候妻、死罪」とあり、「密通の男」（不倫相手）も死刑と定められていて、不義密通は命がけでしたが、それでも密通する男女はいたのです。

当然、〝コキュ〟が生まれます。江戸時代、〝コキュ〟は、妻とその相手を殺しても「構い無し（罪を問わない）」とされていましたが、みんながみんな簡単に間男を殺害できたわけではありません。第3章で紹介したように、〝コキュ〟は、もんもんと思い悩み、葛藤にさいなまれたのです。

〝コキュ〟の苦悩からさまざまな解決策が生まれました。たとえば、妻が弟子の若者と密通していることを知った浪人は、狐を切って「あいつが潜んでいたので討ち果たしたのだ」と言い放ったということです（『不義密通—禁じられた恋の江戸』）。妻も若者も傷つけないように、すべてを狐に押しつけたわけです。

なかなか粋な解決策ですが、一般的には、人妻との密通が発覚すると、間男が夫に〝お詫び〟として、「首代（謝罪金）」を渡す習わしがあったようです。さらに、詫び証文を提出することも少なくなかったということです。人妻との不義密通を詫び、以後2度と関係しない旨を文書で誓ったのです（同書）。ですから、妻の不義密通が発覚したからといって、常に切った張ったの大立ち回りになったわけではなく、多くはむしろ穏便にすませようとしたことがわかります。

このように、江戸時代の法や倫理が不義密通の罪に対して厳しかったのはたしかですが、それでも当時の資料からは「男女が恋や性愛の営みに意外なほど積極的だった現実」がかいま見えるのです。

たとえば、俳人の小林一茶は日記に、密通のうえ駆け落ちした男女の話を書き留めています。

「更にはづらふ色もなく、人のせざるわざなしたるごとく、みづから手柄顔にふれ歩くこそいみじけれ」（同書）

「手柄顔」というのに驚きますが、現代でも不倫の末の略奪婚を自慢そうに話す人がいないわけではありません。だから、時代が変わっても、人間の本質はそれほど変わらないのではないかとも思います。

明治維新後も、1947年に廃止されるまで、夫の姦通の罪は問わず、妻の姦通のみを罰する姦通罪（妻とその相姦者に2年以下の懲役）がわが国にはありました。詩人の北原白秋は、隣家の人妻と姦通したとして、夫に姦通罪で告訴され、拘留されました。当時の新聞では、〈●詩人白秋告訴さる△文芸汚辱の一頁〉と報じられており、大スキャンダルだったことは容易に想像がつきます（『北原白秋』）。

2014年のNHKの連続テレビ小説「花子とアン」で、仲間由紀恵さんが演じた葉山蓮子のモデルになった歌人の柳原白蓮も、告訴こそされませんでしたが、大スキャンダルを巻き起こしました。あのドラマで、吉田鋼太郎さんが演じた九州の石炭王、嘉納伝助が〝コキュ〟であり、世間からのバッシングはすさまじく、白蓮の異母兄の柳原義光は貴族院議員を引責辞職し、白蓮自身も華族から除籍されています。白蓮はその後不倫相手と再婚し、2人の子どもにも恵まれましたが、学徒出陣した長男の戦死という悲哀を味わうのです（『恋の華―白蓮事件』）。

また、女優の岡田嘉子は夫のある身でありながら、共産党員の演出家と駆け落ちして樺太の日ソ国境を越え、ソ連に亡命しましたが、この演出家は亡命後間もなく死亡しています。彼女が日本への里帰りを果たしたのは亡命から34年後のことです（『岡田嘉子「悔いなき命を」』）。

実は「現実原則」で我慢しているだけ？

ここで挙げたのはいずれも有名人ですが、無名の人々の不倫もそれなりにあったのではないかと思います。姦通罪があった時代でも不倫する人妻がいたからでしょうか、皮肉に満ちた警句の才で知られた明治時代の作家、斎藤緑雨《りょくう》は次のように述べています。

「女子の貞節は、貧の盗みに同じ。境遇の強ふるに由る」（『緑雨警語』）

女性が貞節を守るのは好きこのんでではなく、貧乏人が盗みを働くのと同様に仕方なくだと主張したわけで、女性の貞節をあまり信頼していなかったのかもしれません。

似たようなことを、毒舌で有名な17世紀のフランスの名門貴族、ラ・ロシュフコーも言っています。

「女の貞節は、多くの場合、自分の名声と平穏への愛着である」

「貞淑であることに飽き飽きしていない貞淑な女は稀である」(『ラ・ロシュフコー箴言集』)

私も女の端くれなので、いずれも耳の痛い言葉です。ただ、不倫が報じられるのは既婚の男性有名人だけではありません。政治家や芸能人などの女性有名人の不倫報道も相次ぐ現状を見ると、実は的を射ているのではないかとも思うのです。

もしかしたら、誰だって本音では「快感原則」に従い欲望に忠実に生きたいと願いながらも、そんなことをすれば多くのものを失い、世間から徹底的に叩かれるかもしれないので、「現実原則」で考え、我慢しているだけなのかもしれません。つまり、多くの人々は「境遇の強ふる」せいで、自分自身を守るために欲望を抑圧しているわけです。

そこに有名人の不倫のニュースが飛び込んできたら、どんな反応をするでしょうか? たとえば、私の亡くなった祖母は、岡田嘉子を「アカの男と逃げた、とんでもない女」と口をきわめてののしりました。

このように祖母が岡田嘉子を厳しく批判したのは、同じように広島出身で同年代でありながら、自分とは正反対の奔放な生き方をした恋多き美人女優が少しだけうらやましかったからではないかと、私はにらんでいます。祖母が何よりも大切にしたのは、「世間様」の笑い物になるような「風《ふう》の悪い」ことをしないということでした。そのために我慢したり、抑圧したりしていたことがたくさんあったのでしょう。

人間というのは、自分が他者のまなざしや評判を気にしてできないことを誰かがさらりとやってのけると、羨望ゆえにあしざまに言うものです。祖母も、自分の欲望に正直に生きた岡田嘉子の人生を否定することによって、自分自身の人生を正当化したかったのではないでしょうか。

もしかしたら、最近有名人の不倫が報じられるたびに世間が沸き立ちコテンパンに叩くのも、祖母が岡田嘉子を攻撃したのと同じ理由によるのかもしれません。安穏とした結婚生活を送りながらも、何となく満たされず退屈を感じている女性ほど、不倫が報じられた女性有名人を「挑発者」のように感じるのか、とりわけ激しく攻撃するように見えます。

もちろん、不倫を肯定するつもりも、擁護するつもりもありません。ただ、歴史を振り返ると、不義密通あるいは姦通と呼ばれた時代から不倫が人間の〝業〟のようなものとして存在したのは否定しがたい事実です。これからも不倫が消えてなくなることは決してないでしょう。

できれば自分自身がその当事者になることは避けたいですが、いつどんな出会いがあるかわかりません。また、「現実原則」で行動したいと思いながらも、ロボットではないので、つい「快感原則」に従ってしまう可能性もゼロではないでしょう。

最後に1つだけいえるのは、不倫するには、それなりの覚悟が必要だということです。その覚悟もないままふらふらっと不倫に走ると、それこそ「死の欲動」の洗礼を浴びることになりかねません。

おわりに

この本を書きながら、不倫は〝悪〟という正義を振りかざして、不倫する人を叩くような野暮なまねはしないようにできるだけ気をつけました。なぜかといえば、有名人の不倫が報じられるたびに袋叩きにする風潮が最近強くなっており、それに荷担するようなことはしたくなかったからです。

もちろん、不倫はさまざまな悪影響を及ぼします。家庭が壊れることもあるでしょうし、失職することもあるでしょう。場合によっては、殺人や自殺などに発展することもあります。そこまでいかなくても、怒りを抑えきれず、何度も電話をかけたり、メールを送りつけたりしたことが警察沙汰になるかもしれません。

ですから、不倫なんかしないほうがいいに決まっています。一生不倫と無縁でいられたら、幸せだと思います。

ただ、予想できないことが待っているのが人生です。不倫のような「悪いこと」をしてはいけないと自らに言い聞かせ、身を律してきた人でも、つい魔が差すことがあるかもしれません。

あるいは、配偶者は〝お堅い〟し、モテそうにないから、不倫なんかしないだろうと信じていたのに、裏切られて、泣く羽目になるかもしれません。本当に何が起きるかわからないのが人生なのです。

これは、不倫によって心身に不調をきたし、私の外来を受診した患者さんを診察するたびに痛感することです。なかには、夫婦どちらかの不倫が発覚し、２人とも通院している方もいます。片方は私の外来、もう片方は同じ診療所の別の精神科医の外来に通っているのです。

それだけ、不倫は夫婦双方に大きな傷跡を残すのでしょう。不倫に悩んでいる方にとって、本書が一筋の光明になれば幸いです。

２０２１年２月吉日

片田　珠美

参考文献

氏家幹人『不義密通―禁じられた恋の江戸』洋泉社MC新書、2007年
岡田嘉子『岡田嘉子「悔いなき命を」』日本図書センター、1999年
斎藤緑雨『緑雨警語』中野三敏編、富山房百科文庫、1991年
中野孝次『ローマの哲人 セネカの言葉』講談社学術文庫、2020年
永畑道子『恋の華―白蓮事件』藤原書店、2008年
三木卓『北原白秋』筑摩書房、2005年
セネカ『怒りについて 他二篇』兼利琢也訳、岩波文庫、2008年
トルストイ『アンナ・カレーニナ（上）』木村浩訳、新潮文庫、1972年

フリードリヒ・ニーチェ『道徳の系譜学』中山元訳、光文社古典新訳文庫、２００９年
イーディス・パールマン「従妹のジェイミー」（『蜜のように甘く』古屋美登里訳、亜紀書房、２０２０年）
フロイト「快感原則の彼岸」中山元訳（『自我論集』ちくま学芸文庫、１９９６年）
モリエール『ドン・ジュアン』鈴木力衛訳、岩波文庫、１９７５年
ラ・ロシュフコー『ラ・ロシュフコー箴言集』二宮フサ訳、岩波文庫、１９８９年
Jacques Lacan "Écrits" Seuil 1966

片田珠美（かただ・たまみ）

広島県生まれ。精神科医。大阪大学医学部卒業。京都大学大学院人間・環境学研究科博士課程修了。人間・環境学博士（京都大学）。フランス政府給費留学生としてパリ第8大学精神分析学部でラカン派の精神分析を学ぶ。DEA（専門研究課程修了証書）取得。パリ第8大学博士課程中退。精神科医として臨床に携わり、臨床経験にもとづいて、犯罪心理や心の病の構造を分析。社会問題にも目を向け、社会の根底に潜む構造的な問題を精神分析的視点から分析。著書に『「自分が正義」の人に振り回されない方法』（だいわ文庫）、『他人を攻撃せずにはいられない人』（PHP新書）など多数。

「不倫《ふりん》」という病《やまい》

2021年3月5日　第1刷発行

著者　片田珠美《かただたまみ》
発行者　佐藤靖
発行所　大和《だいわ》書房
〒112-0014
東京都文京区関口1-33-4
電話03-3203-4511
装丁　鈴木徹（THROB）
カバー印刷　歩プロセス
本文印刷　信毎書籍印刷
製本所　小泉製本

ISBN978-4-479-77227-9

http://www.daiwashobo.co.jp